Coleção Passando a Limpo

Flavio de Souza

Senta que lá vem história!

Ilustrações dos quadrinhos
e bonecos de massinha

Riba Tavares

Conforme a nova ortografia
São Paulo, 2009

ATUAL
EDITORA

Copyright texto © Flavio de Souza, 2009.
Copyright ilustração © Riba Tavares, 2009.

Saraiva S.A. Livreiros Editores
Rua Henrique Schaumann, 270 – Pinheiros
05413-010 – São Paulo – SP
PABX: (0xx11) 3613-3000 – Fax: (0xx11) 3611-3308
Fax vendas: (0xx11) 3611-3268
www.editorasaraiva.com.br
Todos os direitos reservados

Coleção Passando a Limpo
Gerente editorial: Rogério Gastaldo
Editora-assistente: Solange Mingorance
Coordenação editorial e de produção: Edições Jogo de Amarelinha
Edição de texto: Thaisa Burani
Auxiliar de serviços editoriais: Rute de Brito
Estagiária: Mari Kumagai
Projeto gráfico e diagramação: Gledson Zifssak
Capa: Tereza Yamashita
Foto de capa: Riba Tavares
Revisão: Pedro Cunha Jr. (Coord.), Penelope Brito, Katia Gouveia Vitale

Créditos das imagens: Bob Wolfenson (p. 7), acervo editora Abril (p. 20), Valério Trabanco Cedoc-FPA TV Cultura (p. 72-3), Marcos Penteado Cedoc-FPA TV Cultura (p. 74), Marisa Cauduro Cedoc-FPA TV Cultura (p. 76), Luiz Cláudio Moreira (p. 95), reprodução de capa editora FTD (p. 116-7), reprodução de capa editora Companhia das Letras (p. 116-7), reprodução de capa editora Globo (p. 120), reprodução de capa editora Escrituras (p. 125). Todas as demais imagens fazem parte de acervo pessoal do autor. Contudo, os editores se comprometem a corrigir possíveis créditos incorretos, incompletos ou omitidos em edição futura. Agradecemos especialmente à TV Cultura, pela seleção iconográfica referente aos programas citados nesta obra, e à apresentadora Xuxa Meneghel, pela gentileza da cessão de sua foto em Veneza com o autor.

Dados Internacionais de Catalogação na Publicação (CIP)
(Câmara Brasileira do Livro, SP, Brasil)

Souza, Flavio de
 Senta que lá vem história! / Flavio de Souza ; ilustrações Riba Tavares. –
São Paulo : Atual, 2009. – (Passando a Limpo)

 ISBN 978-85-357-1167-7 (aluno)
 ISBN 978-85-357-1168-4 (professor)

 1. Escritores brasileiros - Autobiografia - Literatura juvenil 2. Souza,
Flavio de I. Tavares, Riba. II. Título. III. Série.

09-10703   CDD-028.5

Índice para catálogo sistemático:
 1. Escritores brasileiros : Autobiografia : Literatura juvenil 028.5

Visite nosso site: www.atualeditora.com.br
Central de Atendimento ao professor: 0800-0117875

1ª edição – 1ª tiragem, 2009

IMPRESSÃO E ACABAMENTO – *Bartira Gráfica e Editora S/A*

Sumário

Senta que lá vem a história das minhas histórias

Que frase é essa? 6
Talvez 7
Dedo, martelo, pena, caneta, teclado 8
Como um escorregador 8
Fantasia 8
Os sete pratos chineses 10
Terceira pessoa do singular 12

Muitos pontos de partida

Papel picado no berço 14
Autor muito precoce de HQ 16
Medo de escuro 17
No mundo da Lua 17
Discos coloridos 19
Garoto-propaganda 19
Cinema de bairro 20
Matinês em Itanhaém 21
Púrpura 23
Terra, mar e ar 24
Viajando nas trilhas sonoras 24
O esconderijo do tesouro 25
Número de sorte 26
Um corpo no telhado 26

Luzes da ribalta

A chuva, o pastor e o melhor espectador 28
Dom João Ratão que caiu na panela de feijão 32
O rapto das cebolinhas 32
Pod Minoga Studio 34
O eco da biblioteca da ECA 40
Vida de cachorro 42
Uma atrás da outra 47
Fica comigo esta noite 49
Para sempre 54
Pica-pau musical 55

Meu nome na capa

O que o Pateta, a Luluzinha e a
Pantera Cor-de-rosa têm em comum? 59
Uma Ideia Editorial 60
Na hora da *Recreio* 60
Histórias de menino 61
Vida de cachorro outra vez 64
Anos depois 64

Aventuras nos raios catódicos

O melhor jeito de aprender 66
Um erro, uma regra, um acerto e uma piada 68
Senta... que lá vem história! 69
Revistinha 71
Alô, alô, planeta Terra chamando... 72
Antes da grande atração 73
Bum bum bum! 74
A menina de ouro 78
Lá vem história 79
Sai de baixo 80
Gran Circo Marimbondo 82
Perdido na ilha 87
O Mago Magoo e a Fada Maga 92

Peripécias de um roteirista brasileiro

Uma história em quadrinhos 97

Uma pilha cada vez maior

Contos de fada com e sem fada 114
Finalmente um Jabuti! 118
Vai começar tudo outra vez 119
Para maiores 124
Faça um verso bem bonito 126
Muitos outros 130
Pra fim de conversa: últimas perguntas
e respostas 131
História sem fim 134

Obras do autor 135

Senta que lá vem a história das minhas histórias

Como, quando, onde e por que comecei e continuei a escrever livros, peças, filmes e programas de TV.

Que frase é essa?

Na maioria das vezes em que eu decidia escrever uma história, fosse em forma de peça de teatro, conto, romance ou roteiro de

cinema ou televisão, ficava durante algum, bastante ou muito tempo fazendo qualquer coisa, menos escrever, até que uma voz dentro de mim me fazia sentar, pegar uma caneta e papel e começar a colocar muitas letras, uma atrás da outra, formando palavras, frases, parágrafos, cenas, capítulos, episódios.

Essa voz nunca foi dura, mas sempre foi firme. Quase nunca foi séria, mas mesmo quando foi, foi também alegre e divertida. Foi sempre como um convite para uma brincadeira, até quando era para cumprir um compromisso profissional.

Foi, todas as vezes, em tom de não-fique-com-medo-você-vai-conseguir.

Foi também em tom de se-o-começo-não-ficar-bom-depois-você-reescreve.

E foi, sem exceção, sempre em tom de deixa-ela-vir-não-critique-não-queira-mudar-nada-antes-de-pôr-tudo-no-papel.

Essa voz às vezes demorou para aparecer e em alguns momentos simplesmente não veio, mas na maioria das vezes acabou dando o ar de sua graça, me fez deixar de lado teorias literárias, opiniões de críticos sobre histórias anteriores (contra ou a favor) e planos muito rígidos de como e para onde a história ia se desenrolar, e me convidou gentilmente, sem hesitação, sorrindo:

Foto: Bob Wolfenson

– Senta que lá vem história.

Essa frase foi usada num dos programas de televisão em que eu participei da criação e dos roteiros.

Mas, como dizia Júlio Gouveia no final de cada episódio da primeira versão para a TV do *Sítio do Pica-pau Amarelo*:

– Isso é uma outra história, que fica para uma outra vez!

Talvez
Talvez porque eu era um ser
muito tímido, desde cedo eu tinha
mais vontade de imaginar que de falar,
não que algumas vezes eu não tenha desembestado,
feito a Emília com a torneira de asneira aberta;
mas como no maior número dos meus dias
eu não falava, só assistia à TV e lia
pilhas de livros e de revistinhas,
e como o que eu pensava não saía direito
com palavras ditas, uma coisa é certa:

> o jeito foi eu escrever pra valer,
> e virar escritor.

Dedo, martelo, pena, caneta, teclado

O ser humano começou a escrever usando o dedo ou um graveto e um bloco de argila. Depois martelando em pedra, rabiscando palavras com penas afiadas e molhadas em tinta, sobre camadas finas de couro, e com pincéis em finíssimas folhas de papel de arroz, até ter muitos tipos de lápis e canetas e papel – e, mais tarde, teclados de máquinas de escrever e computadores.

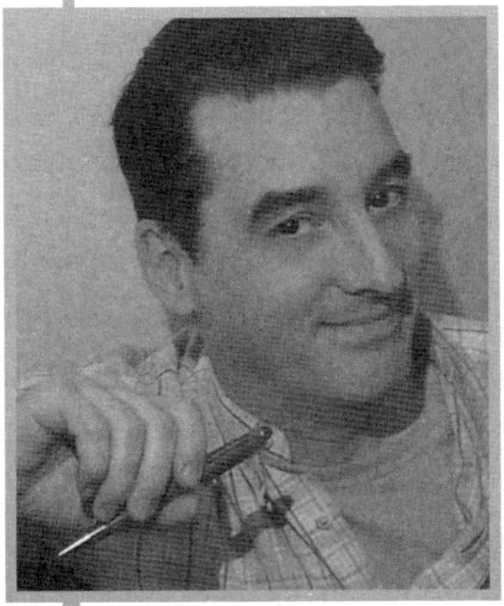

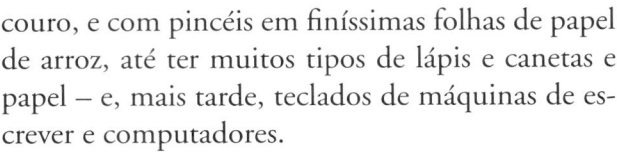

Independentemente do instrumento e do suporte, escrever pode ser gostoso, prazeroso, delicioso, maravilhoso, nervoso, penoso; e pode ser fatigante, desgastante, torturante, excitante, apaixonante, viajante.

Como um escorregador

Eu acho que a leitura de qualquer coisa deve sempre rolar sem parar, feito uma descida de escorregador, que depois que começa não para mais e de repente você já está lá embaixo.

Parece fácil fazer um texto ficar assim, da mesma maneira que ele é fácil de ser lido. Não é. É muito difícil!

Quanto mais simples, claro e rolante (sem ou quase sem qualquer atrito nas rodas) você quiser que seu texto fique, mais dura será sua tarefa.

Às vezes você está escrevendo com uma caneta macia em papel lisinho – e a impressão que você tem é que está batendo com um martelo num cinzel para esculpir letras num bloco de rocha.

Fantasia

Se eu tivesse que dizer qual é o filme da minha vida, eu ficaria muito nervoso, porque adoro cinema: tenho vários diretores prediletos e muitos filmes mudaram a minha cabeça, fizeram a minha cabeça, preencheram a minha cabeça e também a minha alma; me fizeram pensar, sonhar, ter ideias.

Se me fizessem essa pergunta, talvez eu respondesse que o filme da minha vida é o primeiro filme a que assisti na vida, e que, inclusive, não assisti inteiro na minha primeira vez, porque a primeira vez que fui ao cinema foi no colo de meus pais. Como eles já tinham três filhos – e eu ainda era o caçula – e não tinham com quem nos deixar, meus pais iam ao cinema em sessões noturnas levando minhas irmãs e eu. Como foi, então, numa sessão noturna do Cine Esmeralda que assisti pela primeira vez a um filme, eu dormi e acordei várias vezes durante a exibição. Mas eu sei que foi a partir daquela noite que comecei a pensar em histórias, em personagens, em... fantasia.

O filme da minha vida tem justamente esse nome: *Fantasia*. É um longa-metragem de animação feito nos Estúdios Walt Disney. Não é um filme feito especialmente para crianças. É composto por vários pedaços, sem diálogos, sem enredo e cada pedaço é uma fantasia criada a partir de trechos de música clássica. É um filme experimental, cada pedaço foi feito com uma técnica de animação diferente. Mas o principal é exatamente o elemento que foi usado como nome: fantasia.

Há uma teoria segundo a qual a criança, para poder ser realmente alfabetizada e usar o raciocínio, que é a base do aprendizado, precisa ter passado por uma preparação que acontece nos primeiros anos de vida, antes da "idade escolar". Ela precisa ter brincado de "faz de conta", ter desenvolvido a capacidade de lidar com ideias, com o abstrato. A capacidade de fantasiar. Entender que dois mais dois é igual a quatro, por exemplo, parece uma coisa banal, mas, para quem não se preparou para isso, não é.

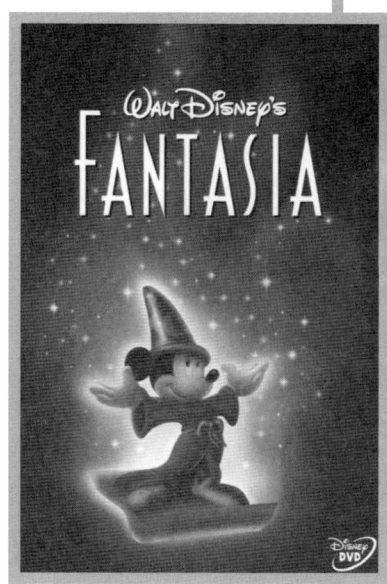

Capa do DVD do filme *Fantasia*.

Conforme essa teoria, é por não ter adquirido a capacidade de lidar com o abstrato que as crianças carentes, das populações de baixa renda, vão tão mal na escola. Elas repetem o ano, não entendem o que a professora fala e acabam desistindo no segundo ou terceiro ano. Os pais dessas crianças não têm tempo, disposição ou mesmo condições de contar histórias. Essas crianças não entram em contato com enredos, personagens, situações hipotéticas, ou seja, com a fantasia.

E fantasia é exatamente a base do trabalho do escritor. Inventar pessoas, bichos ou coisas. Lugares. Acontecimentos. Perguntas e respostas. Começo, meio e fim. Eu tive a sorte de ter tido contato com a fantasia desde pequeno. E neste depoimento vou mostrar que não nasci escritor. Tenho talento para isso, como certas pessoas têm para tocar instrumentos, dar aulas, projetar casas etc. Eu, por exemplo, tentei aprender a tocar piano. Mas descobri, depois de alguns anos de esforço inútil, que não tinha nascido para fazer isso e que, por mais que eu estudasse e me exercitasse, nunca passaria de um instrumentista medíocre, ou seja, jamais me tornaria um pianista. Desisti. E descobri que podia escrever bem sem ter feito cursos específicos para isso. Mas não bastou ter talento. Eu precisei aprender. E continuo aprendendo. Cada vez que começo a escrever alguma coisa, parece que não vou conseguir, que não sou capaz. Isto mesmo que você está lendo só começou a sair depois de meses de muito pensar. E se eu não tivesse uma data para entregar, talvez isso tudo ainda estivesse só dentro da minha cabeça. Mas chega de falar da parte difícil, eu volto a esse assunto mais tarde. Vamos para a parte mais divertida.

Os sete pratos chineses

Quando eu era criança, assistia muito à televisão. Não existia (pelo menos no Brasil) essa coisa prática que é o controle remoto. Cada vez que o telespectador queria trocar de canal, tinha que ir até o aparelho e clunc! Clunc! Clunc!

A TV não era muito nítida. Tinha só cinco canais e era em preto e branco. Para falar bem a verdade, era tudo meio cinza.

No sofá de casa, aos 2 anos.

Isso quando não aparecia o chuvisco, que fazia você ver tudo como se estivesse chovendo entre você e a televisão. Ou uma desgraçada de uma faixa horizontal, que às vezes ficava bem no meio da imagem. Tinha um botão para fazer essa praga ir para cima ou para baixo. Mas era bem difícil e demorado fazer isso acontecer.

Os desenhos animados que passavam não eram muitos e eram sempre reprisados. Quase sempre. Só desenhos reprisados. Foi meu primeiro curso de inglês. Eles eram americanos e não eram dublados, a gente tinha que adivinhar o que estava acontecendo. Às vezes eu penso se isso não foi bom para a nossa imaginação.

Eu adorava o *Pica-pau*, mas meu desenho preferido era de uma tartaruga que queria voar e convencia uma águia a levar a coitada quilômetros lá para cima, segurando uma pena em cada mão. Ela acabava caindo e morrendo, claro. Mas aí do corpo dela saía um fantasminha, com uma lira na mão e asinhas, que dizia, todo feliz: "Eu posso voar, eu posso voar!".

A repetição e a falta de dublagem acabaram quando estrearam maravilhas como o *Manda-Chuva* e *Os Flintstones*, em pleno horário nobre.

Essa "Idade da Pedra" da TV aconteceu no século passado. Mas eu estou falando de só 40, 45 anos antes de estar escrevendo estas linhas. E os dinossauros não habitavam mais o planeta Terra havia muitos milhões de anos!

Então, como já disse, eu assistia muito à TV. E uma das coisas de que eu mais gostava era um programa de circo, onde se apresentavam artistas maravilhosos, como um chinês que equilibrava sete pratos girando um por um sobre varetas que ele encaixava num suporte de madeira.

Até hoje eu me lembro perfeitamente daquele chinês correndo de um prato para o outro, para manter todos eles girando sobre as varetas. Quando ele estava colocando o quinto prato sobre uma vareta, já estava diminuindo a velocidade do giro do primeiro prato e ele tinha que correr e ativar o giro do primeiro antes de correr para colocar o sexto prato girando sobre outra vareta, correr para ativar o giro do segundo prato, correr para colocar o sétimo prato e aí o terceiro prato já estava caindo, caindo, caindo...

É assim que eu me sinto na minha vida profissional hoje em dia, que é principalmente de escritor. Eu estou sempre correndo de um prato para o outro, para que nenhum deles pare de girar e caia e se espatife no chão.

Neste livro você vai poder conhecer boa parte de tudo o que eu fiz em mais de 35 anos de trabalho. É prato que não acaba mais. Eu me divirto a maior parte do tempo em que estou trabalhando. Mas muitas vezes eu fico meio exaurido de correr de um lado para o outro, mantendo os pratos girando, girando, girando...

Terceira pessoa do singular

Terminada apenas a introdução, antes mesmo do fim do primeiro capítulo, eu já estou enjoado de começar frases com o pronome pessoal "eu".

Eu passei bastante tempo pensando em uma maneira de...

Tudo bem, eu poderia começar essa frase assim:

Passei bastante tempo pensando em uma maneira de...

Acontece que eu gosto de escrever como se estivesse conversando com a leitora ou com o leitor em potencial. Quase ninguém começa uma frase pelo verbo. Mas eu não sou um desses "quase ninguém".

Além disso, eu vivi tudo o que vai ser contado aqui. É meio chato só lembrar e escrever, sem nenhuma surpresa para mim, sem ter como inventar, sem contar mentiras.

Por isso resolvi escrever o próximo capítulo de um jeito diferente, na terceira pessoa do singular – e talvez eu escreva os outros de alguma outra maneira.

Muitos pontos de partida

> Como foi possível Flavio de Souza se tornar autor de histórias em quadrinhos de terror antes de aprender a escrever, ler, andar ou falar?
> Por que Flavio de Souza criou e escreveu um seriado chamado *Mundo da Lua*?
> Qual foi o primeiro livro que Flavio de Souza escreveu?
> Saiba as respostas para essas e muitas outras perguntas lendo este capítulo!

Papel picado no berço

Flavio de Souza nasceu em São Paulo no dia 13 de setembro de 1955. Nesse dia, Theresinha Oliveira de Souza, sua mãe, sentiu um desejo de grávida de comer bolinhos de camarão. Ela comprou uns bons gramas desse fruto do mar, fez bolinhos, fritou e comeu todos.

Quase que imediatamente após Theresinha ter engolido o último pedaço do último bolinho, ela começou a ter contrações, chamou uma ambulância da prefeitura – porque era professora da rede municipal e tinha direito a um passeio nesse veículo especial – e poucas horas depois já estava com seu terceiro filho, o primeiro menino, no colo.

O fato de o Flavio nunca ter comido um só camarão até o fim sem cuspir e nunca ter conseguido sentir cheiro de camarão cozido ou frito sem ficar enjoado talvez explique o motivo de todo o processo de seu parto ter sido bem rápido.

Cláudio de Souza, o pai do futuro escritor, tinha nessa época dois empregos: um diurno, na editora Abril, cujos escritórios ficavam no sexto andar de um prédio em uma travessa da avenida Nove de Julho, no centro de São Paulo, e outro à noite, quando ele se transformava em locutor da rádio Gazeta, que na década de 1950 tocava música clássica. Além dessas duas ocupações fixas, o Cláudio criava e escrevia histórias e roteiros para uma pequena editora de um grande amigo.

Talvez isso explique o fato de o Flavio ter acumulado tantos empregos, diferentes funções, obras encomendadas ou de iniciativa própria. Ser *workaholic* (viciado em trabalho) é hereditário ou o exemplo paterno – e, no caso, materno também – é a causa desse tipo de distúrbio? Ou ainda: será que é a dureza da vida – a dificuldade que é pagar todo mês as contas, comprar comida e pretender ter casa própria e realizar os sonhos de consumo – que faz as pessoas ficarem assim, com compulsão pelo trabalho?

Essas são algumas das perguntas que vão ficar sem resposta nesta narrativa.

Alguns meses depois do passeio de ambulância, o pequeno Flavio está em seu berço. Pelo que foi contado antes, dá para adivinhar que o menino não via muito seu pai, mas uma de suas primeiras lembranças é ver, por entre as grades de madeira do berço, seu pai com a irmã caçula no colo, andando e cantando na penumbra.

Os avós maternos: Isaura Lopes de Oliveira e Oscar Lindholm de Oliveira.

O que ele não se lembra é dos livros que o Cláudio colocava no berço e que viravam amontoados de papel picado e babado. A Theresinha, como o marido, amava os livros, coisa que ela herdou de seu pai, o seu Oscar, professor e diretor escolar e um dos fundadores do Senai (Serviço Nacional de Aprendizagem Industrial), que devorava vários por semana. Aqueles amontoados de destroços de papel deixavam a Theresinha com dor no coração. Alguns deles eram livros importados e, portanto, caros.

Com certeza esse primeiro contato tão íntimo com livros é um dos motivos de o Flavio também devorar livros como o avô e gostar tanto deles a ponto de gastar horas e horas e horas de sua vida para trazer novos livros ao mundo.

Autor muito precoce de HQ

Fingindo que sabia escrever.

Pode parecer mentira, mas é a pura verdade: antes de fazer dois anos de idade, Flavio de Souza já criava enredos e escrevia roteiros para histórias em quadrinhos de terror. Alguns exemplares de revistas com histórias de terror assinadas por um certo Flavio de Souza com certeza ainda existem em alguma prateleira, biblioteca, arquivo.

Lembra que o pai dele tinha dois empregos e ainda criava e escrevia histórias para uma pequena editora de um grande amigo? Esse amigo se chamava Jayme Cortez, e o Cláudio, como não podia assinar trabalhos para uma empresa concorrente da editora Abril, usava o nome do filho, que, entre outras atividades, estava lá no berço picando livros.

Medo de escuro

Quando a família se mudou de um apartamento na rua General Olímpio da Silveira – por onde passa hoje o Minhocão de São Paulo – para uma casa num bairro residencial chamado Perdizes, Flavio passou a dormir sozinho num quarto.

Depois de um tempo ele começou a curtir a privacidade, o sossego de um quarto só para si, mas a princípio ele sofreu de terror noturno.

Cláudio de Souza (à direita), no início da editora Abril, com seu fundador, Victor Civita (ao centro).

O que causa o quê? O medo desenvolve a imaginação ou a imaginação piora o medo?

Como sempre foi notívago, durante toda a infância Flavio teve que ir para a cama e apagar a luz bem antes de sentir sono. O escuro, mesmo depois de passado o medo, fez o menino de 6, 7, 8 anos inventar muitas brincadeiras e histórias.

No mundo da Lua

Não é à toa que o Flavio criou e escreveu um seriado chamado *Mundo da Lua*, por volta dos 35 anos. Se alguém perguntar a ele se as aventuras do Lucas Silva e Silva – o herói do seriado – são autobiográficas, ele vai dizer que muito pouco. A maioria dos episódios tem enredos com fatos da vida do filho mais velho dele, o Leonardo, que na época tinha a mesma idade do Lucas Silva e Silva.

Casamento de Theresinha e Cláudio de Souza.

A atenta admiração da querida irmã Lia (que hoje em dia se chama Krishna Lila) fazia o Flavio se sentir um Nelson Freire.

Porém, foi no mundo da Lua que o Flavio passou boa parte de sua infância, adolescência e idade adulta. Quando tinha entre 6 e 8 anos, ele teve aulas de piano com uma professora chamada Hélia, que dava aulas em sua casa, a quatro quarteirões da casa onde o Flavio morava em Perdizes. Foi-se o tempo em que os pais deixavam um menino de 6 anos andar sozinho por quatro quarteirões sem a menor preocupação.

No segundo e no terceiro quarteirões do caminho até a casa da dona Hélia, tinha cachorro em casas com grade coberta com arbustos, ou seja, os cachorros podiam ver o Flavio passando na calçada, mas ele não podia ver os cachorros. Toda vez que ele passava, o cachorro do terceiro quarteirão latia furiosamente, e o Flavio levava um baita susto. O mesmo acontecia no quarto quarteirão. Isso acontecia sempre. Toda vez que ele ia e voltava. Duas vezes por semana. Por que ele não se lembrava de que isso fatalmente iria acontecer? Porque assim que saía de casa, começava a devanear e, quando chegava ao terceiro quarteirão, já estava distraído, viajando no mundo da Lua.

Então o candidato a pianista levava dois sustos na ida e dois sustos na volta. Eram oito sustos por semana. Trinta e dois sustos por mês. Dá para entender por que ele olha com desconfiança até hoje para todo e qualquer cachorro que vê pela frente.

Mas não pense que ele odeia os cachorros, senão não teria escrito uma peça teatral (que depois virou livro) chamada *Vida de cachorro*. Mas, como dizia o senhor Júlio Gouveia no final de cada capítulo da série em preto e branco do *Sítio do Pica-pau Amarelo*, nos anos 1960, em São Paulo: "Essa é uma outra história, que fica para uma outra vez".

Discos coloridos

Antes de aprender a ler, a fonte de histórias era uma vitrola – aparelho de som que tocava discos, uma espécie de CD grande, preto, de plástico, com sulcos circulares por onde passava uma agulha que transmitia para os alto-falantes as músicas e histórias, quando os discos giravam a 33 rotações por minuto.

Antes de os discos com histórias infantis serem coloridos, eles eram grandes, pretos e feitos de um material duro, mas frágil. Se um disco desses caía no chão, dificilmente ficava inteiro. Como precisava girar a 78 rotações por minuto, só cabia uma música de cada lado. Para uma história, era preciso pelo menos quatro lados, ou seja, dois discos.

Um beijo da professora Hélia Restivo, depois de um recital.

Na casa do Flavio havia dois conjuntos de discos com histórias, o da *Galinha dos ovos de ouro* – que é um nome diferente para a história mais conhecida como *João e o pé de feijão* – e o das *Vinte mil léguas submarinas*, a versão do Walt Disney para o livro do Júlio Verne.

O pequeno Flavio ouvia essas duas histórias pelo menos uma vez por dia, quando não ouvia duas ou três vezes no mesmo dia. Décadas depois ele ainda se lembraria de frases como a do gigante quando chega em casa e fareja o João: "Se não me engano, aqui cheira a sangue humano!".

Garoto-propaganda

O título deste subcapítulo tem a ver com uma profissão que existia naquela época. A garota-propaganda era uma moça que fazia comerciais de produtos ao vivo na televisão. Por incrível que pareça, ela ficava o dia inteiro no estúdio e entrava no ar várias vezes por dia falando o mesmo texto e fazendo as mesmas coisas. Por exemplo: colocando coisas no liquidificador e ligando, abrindo uma geladeira e mostrando como ela era espaçosa etc.

Imagem de um dos vários anúncios para a editora Abril.

O mais interessante é que várias vezes ela errava: falava o texto errado ou a porta do refrigerador não abria, ou então ela ligava o liquidificador e ele não funcionava etc.

Flavio não foi garoto-propaganda, é claro. Ele apenas atuou em alguns filmes de propaganda no início dos anos 1960.

Em um deles, foi filho da própria mãe no comercial que lançou a garrafa tamanho família de um certo refrigerante no Brasil. E em outro ele foi... filho de sua mãe, num comercial de pasta de dente!

Foi assim que ele começou a se familiarizar com a realização de um filme e ficou sabendo que cinema era feito pedacinho por pedacinho. Foi no estúdio onde foi gravado o comercial do refrigerante que ele viu, pela primeira vez, um *story board*, que é uma espécie de história em quadrinhos feita com os desenhos das cenas que um filme terá.

Flavio também posou para fotos de publicidade – todas para a editora Abril, onde seu pai trabalhava.

Quem nunca posou profissionalmente para fotos não faz ideia de como é cansativo, muito mais cansativo que participar como ator de um filme. Ficar parado, sorrindo, numa certa pose pode ser também bastante dolorido. Pense nisso da próxima vez que alguém disser que o trabalho de pessoas como a Gisele Bündchen é moleza.

Cinema de bairro

Quem nasceu em São Paulo no século XXI ou alguns anos antes nunca deve ter ouvido falar de dois enormes cinemas que existiam nessa cidade: o Astor, que ficava em um conjunto comercial entre a avenida Paulista, a rua Augusta e a alameda Santos, e o Ipiranga, que ficava na avenida de mesmo nome, quase na esquina com a avenida São João.

Era no circuito (conjunto de salas de cinema) do qual esses dois cinemas faziam parte que a maioria dos filmes estreava. Só uma semana ou duas depois é que eles começavam a ir para os cinemas de bairro. Para quem não sabe, não havia um só bairro de São Paulo sem pelo menos um cinema.

O ideal para o Flavio era assistir aos filmes na enorme tela do Cine Astor. E foi lá que ele viu muitos, quando começou a andar sozinho pela cidade. Quando era menor, nem sempre sua mãe queria ou podia ir até lá, então ele assistia aos filmes no cinema de Perdizes, o Cine Astral – para quem queria ir ao Astor, o Astral pelo menos tinha o nome parecido.

O diferencial dos cinemas de bairro era a animação e a bagunça que rolava, principalmente nas sessões de fim de semana. Antes de a cortina se abrir – todos os cinemas tinham cortinas, que se abriam antes de o filme começar e se fechavam quando ele estava acabando – eram tocados três sinais. Quando tocava o terceiro, as luzes da sala se apagavam e TODOS que estavam lá gritavam, assobiavam e davam risada, tudo ao mesmo tempo.

Durante os filmes, a plateia participava bastante, além de rir durante as cenas engraçadas das comédias ou chorar nas cenas tristes dos dramas. Por exemplo, quando o Tony Curtis ou o Elvis Presley beijava a Natalie Wood ou a Ann-Margaret, todos gritavam e aplaudiam.

O Flavio se divertia com a farra, mas ele gostava de assistir aos filmes pela primeira vez no Cine Astor – pela primeira vez porque, sempre que podia, ele via os mesmos filmes duas, três, muitas vezes.

O bom dos cinemas de bairro era que geralmente eles tinham sessões duplas: com um ingresso, você assistia a dois filmes.

Matinês em Itanhaém

Itanhaém é uma cidade principalmente de veraneio, que fica no litoral sul do estado de São Paulo, entre Mongaguá e Peruíbe. Itanhaém quer dizer, na língua tupi-guarani, "pedra que chora". Foi na cidade da pedra que chora que Flavio passou a maioria de suas férias e muitos feriados e fins de semana.

A irmã Lia na frente da casa que seus pais construíram em Itanhaém.

Seu avô materno, Oscar Lindholm de Oliveira, morou lá depois de se aposentar. A casa, que ele construiu com as próprias mãos e mobiliou com os móveis que ele mesmo fabricou, ficou para o filho e as quatro filhas. O pai do Flavio, mais tarde, construiu uma casa separada numa parte do terreno, e do primeiro dia de férias escolares até o último, que geralmente caía logo após o carnaval, sua família vivia em Itanhaém.

Além das praias, do rio que passava no fundo do terreno e da linha de trem que ficava na frente, por onde ainda passavam trens, Itanhaém tinha uma outra grande atração para o Flavio: o Cine Jangada.

Matinê, nome que vem da palavra francesa *matin* e quer dizer "manhã", é a sessão diurna dos cinemas e dos teatros. Foi nas matinês do Cine Jangada que o Flavio se realizou assistindo a todos os filmes que já tinha visto em São Paulo e também todos aqueles a que não poderia ter assistido, porque eram proibidos para menores de 14 ou 18 anos. Não que a censura não fosse obedecida no Cine Jangada. Era. Mas apenas na *soirée* – nome que vem da palavra francesa *soir*, que quer dizer "noite".

Toda noite era exibido um filme diferente. Naquela época, os canais de TV chegavam ao litoral com péssima imagem, isso quando chegavam. E em preto e branco, é claro. Não havia videocassete, DVD, computador pessoal, internet etc. Na TV, quase não passavam filmes e os poucos que passavam eram bem antigos. Isso acontecia porque os estúdios de cinema – os donos dos filmes –, tentando se defender daquele meio de comunicação que levava informação e diversão para a casa das pessoas de graça, proibiram que seus filmes fossem exibidos na televisão. Resultado: para ver filmes, mesmo os não recentes, as pessoas tinham que ir ao cinema.

Para a felicidade de pessoas como o Flavio, o filme da *soirée* era exibido na matinê do dia seguinte, e na matinê entrava quem quisesse. O Flavio queria. E ia praticamente todos os dias.

Graças ao Cine Jangada, o Flavio assistiu a centenas de filmes e sonhou de olhos abertos, desejando um dia fazer parte daquele mundo.

Púrpura

A cor púrpura fica entre o magenta (que é um vermelho sem amarelo) e o roxo (que é a mistura de vermelho e azul). Existe um livro e um filme com esse nome, *A cor púrpura*, feito na década de 1980.

Mas Flavio de Souza descobriu que essa cor existia muito antes disso. Nas férias de 1963 para 1964, ele voltou de Itanhaém com o corpo cheio de manchas dessa cor.

No colo do vô Oscar.

Esse é um dos sintomas de uma doença chamada púrpura. Alguma coisa acontece no cérebro da pessoa e ele dá uma ordem para o corpo parar de fabricar plaquetas. Plaqueta é um dos componentes do sangue, responsável pela coagulação. Quem está com poucas plaquetas fica com o sangue "aguado" e, caso se machuque, a ferida demora para cicatrizar. Se a pessoa bate uma parte do corpo contra uma parede, por exemplo, há um sangramento debaixo da pele e aparecem as manchas púrpuras.

Quando a doença foi descoberta, o nível de plaquetas do Flavio estava muito baixo. Não havia cura para a púrpura em 1964. Não se sabia como e por que a pessoa ficava assim. A única coisa que a pessoa podia fazer era tomar um remédio muito forte, feito de uma substância chamada cortisona, e fazer repouso.

Quem já teve uma doença assim, grave, mas não muito, sabe como é chato. A pior coisa é ver as pessoas sentirem pena de você. Além de se sentir frágil, ameaçado, diferente dos

Com cara de lua cheia, efeito colateral da cortisona, remédio para a púrpura.

outros, uma doença assim faz você ter que ficar bastante tempo parado. E quanto mais o corpo fica parado, mais a cabeça funciona. Flavio teve a sensação, com o passar dos meses, que ele estava de férias forçadas da vida, obrigado a pensar em tudo o que fez e deixou de fazer até então.

Em vez de ficar na rua sossegada em que morava, brincando de esconde-esconde, polícia e ladrão e jogando bola, Flavio passou quatro anos desenhando, pensando, lendo, pensando, brincando sozinho, pensando...

Terra, mar e ar

Vários tratamentos, todos experimentais, foram tentados para curar a púrpura. Um deles era uma série enorme de injeções na veia.

Flavio era especialmente apavorado com agulhas e, para tentar tornar as aplicações das injeções menos demoradas e violentas – ele acabava lutando com a mãe, a tia e até com um funcionário da farmácia que o segurava para o tio farmacêutico aplicar as já citadas –, seu pai lhe ofereceu uma recompensa: a coleção completa de livros de aventuras *Terramarear*.

Cada injeção valia um livro.

Foi assim que o Flavio leu todas as grandes aventuras, como *A ilha do tesouro*, *O conde de Monte Cristo*, *Quo Vadis?*, *Os três mosqueteiros* e muitas outras.

Viajando nas trilhas sonoras

Para quem não sabe, trilha sonora é toda música que toca em um filme. Tanto faz se são músicas cantadas ou só tocadas.

Como não podia assistir à maioria dos filmes mais interessantes – porque todos eram proibidos para menores de 18 anos, ou pelo menos 14 anos, e ele só ia para Itanhaém nas férias, nos feriados e em alguns fins de semana –, Flavio "assistia" a esses filmes de duas maneiras indiretas: alguns filmes eram adaptações de livros e alguns filmes de sucesso geravam um livro adaptado do roteiro. Lendo esses livros, Flavio imaginava as cenas que um dia veria na tela do Cine Jangada.

A outra maneira de imaginar as cenas de um filme era escutando a trilha sonora dele. Quando o filme *Doutor Jivago* foi lançado, Flavio não pôde assistir: ainda faltavam mais de cinco anos para ele deixar de ser barrado na porta dos cinemas de São Paulo em que o *Doutor Jivago* estivesse vivendo suas aventuras.

Então Flavio leu o enorme romance russo de autoria de Bóris Pasternak que foi transformado em filme e escutou centenas de vezes o LP com a trilha sonora maravilhosa do compositor Maurice Jarre.

É claro que o livro é melhor que o filme: seria impossível colocar em três horas o que tem dentro dele.

A trilha sonora do *Doutor Jivago* tem o "Tema de Lara", que ganhou letra e virou o *hit* musical do ano e que faz parte do repertório de todos os músicos e cantores cafonas do mundo.

No entanto, esse tema é tocado de uma maneira tão maravilhosa quanto os outros da trilha sonora. Cada faixa do disco "mostra" grandes acontecimentos, paisagens, encontros e desencontros de pessoas, mortes, paixão, guerra, amor e saudade.

O resultado disso foi que o Flavio ficou bem desapontado com o filme, quando finalmente conseguiu vê-lo em Itanhaém. A imaginação dele tinha selecionado coisas do livro e, inspirado pelas músicas da trilha sonora, as tinha transformado num filme totalmente diferente.

Existem poucos exercícios melhores para a imaginação do que escutar trilhas sonoras de filmes.

O esconderijo do tesouro

E então, um belo dia, Flavio perguntou para a mãe quais livros ele podia ler daqueles todos das prateleiras das estantes que ficavam logo na entrada da casa onde eles moravam, a casa que tinha sido de seus avós paternos, Teresa Leopoldo de Souza e Basílio Magno de Souza.

Com as irmãs Cybele, Lia e Claudia e seus avós paternos, Tereza e Basílio.

E sua mãe respondeu:

– Todos.

Foi assim que aos 12 anos Flavio descobriu que tinha um tesouro logo ali debaixo do seu nariz e começou a devorar as prateleiras de livros. Mas vamos deixar claro que ele não saiu lendo Dostoiévski, Proust e outros clássicos bem... clássicos.

Ele começou pelos romances policiais – gênero preferido até hoje para férias, folgas e momentos de lazer entre uma jornada de trabalho e outra – e foi passando pela coleção completa de Jorge Amado, José Lins do Rego e até um ou dois de Graciliano Ramos.

E assim por diante...

Número de sorte

Este é o décimo terceiro pedaço deste capítulo do livro. Assim como o Flavio não gosta de encontrar – nem mesmo de ver – gatos pretos ou passar por baixo de escadas, muita gente evita ter qualquer contato com o número 13.

Existem hotéis em algumas cidades dos Estados Unidos em que depois do décimo segundo andar vem o décimo quarto.

Como o Flavio nasceu em um dia 13, sempre considerou esse um número de sorte.

Nascer no Brasil pode ser bom para o imaginário de um escritor, com a profusão de lendas, mitos, superstições, religiões e histórias indígenas, europeias e africanas.

Um corpo no telhado

O primeiro livro que Flavio escreveu só poderia ter sido policial. Alguém caiu da janela de seu apartamento e se esborrachou no telhado da casa vizinha ao prédio ou esse alguém foi jogado?

Essa primeira tentativa – incompleta – aconteceu em 1970, como consequência de um exercício proposto por um dos professores da Escola de Arte Brasil.

Foi só no fim daquela década que Flavio começou a escrever pra valer, mas essa primeira tentativa – apesar de inacabada – o deixou realizado e estimulado a fazer outras.

Luzes da ribalta

Aviso aos navegantes:
Depois de escrever um capítulo na terceira pessoa, como se eu não fosse o Flavio de Souza, a partir do próximo – não sei até qual – vou escrever na primeira e na terceira.
Como? Com entrevistas "fabricadas". Acho que um diálogo pode ser mais interessante do que um monólogo.
Dois ou três trechos de entrevistas foram parcialmente tirados de entrevistas reais. Mas nesses casos eu usei apenas as respostas.

A chuva, o pastor e o melhor espectador

Entrevistador: Quando você começou a pensar em fazer teatro?

Flavio de Souza: Não sei, mas eu comecei a pensar nesse assunto com 4, 5 anos.

E: Por quê?

FDS: Eu fui aluno por um ano de um pré-primário do Senai. E naquele ano aconteceram duas apresentações de teatro. Na primeira eu não achei muita graça.

E: O que era esse primeiro "espetáculo"?

FDS: Uma homenagem à primavera. Eu fiz papel de chuva e dancei junto com outros "chuvas", com tiras de papel celofane nas mãos.

E: Interessante você se lembrar desse detalhe.

FDS: É. Mas talvez eu tenha imaginado essa lembrança. Eu comecei a ler um livro sobre isso, escrito por um psicólogo, que tinha se lembrado de ter visto um par de luvas brancas no sótão da casa dos avós. Só que mais tarde ele descobriu que essas luvas nunca estiveram lá: ele tinha inventado aquela lembrança. O resto do livro era em "psicologês", explicando esse processo. Por que eu falei sobre esse livro?

E: Porque você acha que também criou a lembrança das tiras de papel celofane na mão para fazer o personagem chuva.

FDS: O mais incrível é que eu me lembro de um pedaço da música que os chuvas cantavam: "chove, chove chuva". E a continuação não é "chove sem parar"! Não é a música do Jorge Benjor (que na minha época se chamava Jorge Ben). Eu odeio quando eu fico fazendo esses parênteses que começam com "na minha época".

A querida tia Maria José.

E: Mas não tem jeito melhor de dar essa informação.

FDS: É, acho que não. O interessante é que eu provavelmente fui aluno desse pré-primário do Senai porque morava perto, em primeiro lugar, e porque meu avô, pai da minha mãe, foi um dos fundadores do Senai. Ele se chamava Oscar Lindholm de Oliveira, era professor de Matemática e Física, diretor de escola pública. Ele devia ser um excelente professor. Minha tia Maria José, uma das filhas dele, iniciou inúmeros sobrinhos e sobrinhos-netos no mundo da Matemática. Ela fazia um tipo de mágica. Qualquer pessoa que tinha dificuldade com Matemática, depois de algumas aulas com ela, tinha um "estalo" e passava a entender tudo, perdendo o horror, o pavor. Alguns começavam até a gostar e ajudar colegas e amigos, como aconteceu com meu filho Leonardo.

E: Você foi um desses iluminados?

FDS: Não, e não foi por não precisar. É que eu era aquele tipo de aluno que passa raspando, com médias muito pouco acima das mínimas. Então Matemática nunca foi um problema, e por isso eu não fui levado para a "iluminação". Mas a gente estava falando de teatro!

E: É. Você estava falando da sua estreia no palco, no papel de chuva.

FDS: As minhas respostas estão bem caóticas, hein? Você vai editar tudo isso, não vai?

E: Acho que sim.

FDS: Tudo bem. Foi por causa do segundo espetáculo que eu comecei a pensar em teatro. Foi um auto de Natal, se bem que eu acho que foi só a montagem de um presépio, com gente... Não sei bem, mas eu acho que não tinha texto, nem músicas cantadas. O que foi inesquecível é que eu fiz o papel de um simples pastor.

E: Inesquecível por quê?

FDS: Porque eu não fiz o papel do pai de Jesus nem de um dos reis magos. Eu fiquei de lado, junto com os outros pastores, mas pelo menos eu não fiz papel de boi ou de burro.

E: Você gostaria de fazer um desses outros papéis?

FDS: Não precisava ser o José, que é praticamente um protagonista, mas um dos reis magos teria me deixado bem mais feliz. E o fato de eu ter pensado e sentido isso é a prova de que eu nasci com o perfil próprio para trabalhar em teatro. Tudo o que qualquer ator quer é fazer o papel principal. Sempre. Em qualquer espetáculo.

E: Eu já falei com atores que me disseram que preferiam não fazer o protagonista.

FDS: Eles mentiram.

E: É mesmo?

FDS: Com certeza. Todo mundo que sobe no palco é para aparecer. É para se expressar, para brincar, realizar fantasias, se fantasiar, transmitir ideias e mensagens, até para pôr pra fora um pouco da loucura. Mas o que faz a gente enfrentar todas as dificuldades, que não são poucas para estrear um espetáculo, é a vontade de aparecer.

E: Essa segunda experiência teatral foi frustrante, então?

FDS: Não totalmente. Eu me diverti, acho. E fiquei completamente feliz quando vi o meu pai lá no fundo, me assistindo.

E: Você não sabia que ele ia?

FDS: Acho que não. Acho que eu não esperava que ele fosse fazer isso. Ele trabalhava muito, tinha horário para cumprir e ainda fazia "frilas" (trabalhos por fora). Essa palavra, *freelancer*, quer dizer isto em inglês: um trabalho independente, sem vínculo empregatício com alguma empresa. Eu não tinha noção desses detalhes, mas ele era um personagem raro na minha vida durante a semana e até nos fins de semana; muitas vezes ele trabalhava em alguns sábados e alguns domingos também.

E: Foi uma boa surpresa.

FDS: Foi. Essa é uma das minhas primeiras lembranças de ser amado.

E: Ele continuou sendo seu espectador ideal?

FDS: Durante um tempo não. Na adolescência a gente não quer ficar se encontrando com o pai e a mãe, eu pelo menos não queria, eu tinha vergonha, acho que a gente tenta fazer um tipo, ser alguém diferente do que a gente foi na infância, e os pais são testemunhas de tudo aquilo que você não quer mais ser, do que você quer esquecer.

E: Ele nunca foi contra você ser de teatro?

FDS: Não, nunca. Ele e minha mãe me incentivaram sempre. Foi por causa deles que eu virei diretor de teatro. Foi ideia do meu pai os dois produzirem as três primeiras peças que eu dirigi, que eram de minha autoria. Eu comecei a existir como dramaturgo para o mundo por causa deles.

E: Isso é difícil de acontecer?

FDS: Muito. Tem muita gente que não se desenvolve como dramaturgo como poderia, porque as suas peças não são encenadas, e peça é feita para ser apresentada no palco, peça de teatro no papel é uma coisa incompleta. Você só aprende com os seus erros vendo-os no palco, ouvindo as falas que você escreveu na boca dos atores.

E: Eles assistiam a tudo o que você escrevia, dirigia e encenava?

FDS: Tudo. A minha mãe, sempre que vinha me cumprimentar, me cochichava: "Você era o melhor". Sempre. Como se fosse pela primeira vez. E várias vezes ela me deu tchauzinho da plateia – acho que tem poucas coisas piores para desconcentrar o ator do que ver a mãe dando tchauzinho. Mas, ao mesmo tempo, é uma das melhores coisas pra gente se sentir bem lá em cima, é claro.

Dom João Ratão que caiu na panela de feijão

Entrevistador: Na sua estreia em uma peça de teatro, com história e figurinos, além de palco e plateia, você conseguiu ser o protagonista.

Flavio de Souza: Era o principal papel masculino. É claro que a peça se chamava *O casamento da dona Baratinha* e não *Dom João Ratão que caiu na panela de feijão...*

E: Onde aconteceu isso?

FDS: Na Faap (Fundação Armando Álvares Penteado), que naquela época – lá vou eu de novo – só tinha cursos livres de teatro e artes plásticas para adultos e esse para crianças.

E: Foi aí que você virou um "rato de teatro"?

FDS: Foi aí que eu me tornei um artista. Ou foi quando eu descobri que era artista. Não sei se as pessoas nascem artistas. Talvez. Tem muito filho de artista que é artista. Talvez seja hereditário. Mas tem filho de artista que não quer ser artista, exatamente para não ter a vida difícil do pai, da mãe ou dos dois.

E: Você continuou desenhando e fazendo teatro depois desse curso?

FDS: Desenhando. O teatro eu fui deixando de querer fazer, porque eu comecei o primeiro grau no ano seguinte. Esse curso na Faap foi em 1961. Eu voltei a fazer teatro em 1971, quando reencontrei o professor de artes da quarta série (o quinto ano de hoje), que também era professor de teatro na Faap, uma versão para adolescentes daquele curso que eu tinha feito quando criança. Durante esses dez anos, o teatro ficou adormecido dentro de mim. Eu brincava com os primos, amigos e vizinhos de teatrinho, mas era só mais uma brincadeira como pega-pega, esconde-esconde e polícia e ladrão.

O rapto das cebolinhas

Entrevistador: Foi a primeira peça de teatro a que você assistiu?

Flavio de Souza: Como muita gente no Brasil, a primeira peça que eu vi era da Maria Clara Machado, uma pioneira tão importante para o teatro quanto o Monteiro Lobato foi para a literatura, não só no teatro infantil, feito especialmente para crianças, mas na formação de público e de profissionais para o teatro brasileiro.

E: Essa peça, *O rapto das cebolinhas*, é uma história policial adaptada para crianças. Isso tem a ver com o fato de você ter se tornado depois um leitor tão ávido de literatura policial, de suspense e mistério?

FDS: Eu gostaria de poder dizer que sim. Mas eu estaria mentindo se falasse isso.

E: Por quê?

FDS: Porque eu não assisti à peça até o fim, eu não cheguei a ver nem metade da peça e, portanto, não percebi que era de mistério, se bem que é claro que o rapto das cebolinhas é mostrado logo no começo... É, talvez você tenha razão. Em parte. Isso pode ter sido uma semente, mas eu não sei se acredito nisso. Tem gente que assistiu a uma ópera quando era criança e foi exatamente isso que fez essas pessoas não quererem ver outra peça pelo resto da vida.

E: Por que você não viu a peça até o fim?

FDS: Eu tive que sair porque tinha hora marcada no médico. Naquela época – mais uma vez essas duas palavras – eu estava com uma doença chamada púrpura.

E: Você não mentiu quando falou da peça da Maria Clara Machado. Você não contou nenhuma mentira até agora nesta entrevista, certo?

FDS: Não. Mas esse "não" pode ser uma mentira...

E: O que você acha disso?

FDS: De alguém mentir numa entrevista?

E: Ou numa autobiografia.

FDS: Não sei. Cada um sabe do que gosta ou desgosta em si mesmo e do que não gosta que os outros saibam a respeito do que fez ou deixou de fazer. Tem gente que mente para se divertir. O Fellini vivia contando coisas absurdas em entrevistas. Eu soube disso quando li uma em que ele dizia que em todos os cinemas do mundo onde o filme que ele estava lançando fosse apresentado, o gerente teria que ir até a frente da tela, antes de cada sessão, e se transformar num gato.

Pod Minoga Studio

Entrevistador: Como, quando e por que você começou a escrever peças de teatro?

Flavio de Souza: Foi meio sem querer.

E: Como assim?

FDS: Tudo bem, não foi meio, foi completamente sem querer.

E: Como assim?

FDS: Eu queria ser ator. Eu só pensava em ser ator. Ator de cinema. Tanto que depois que eu descobri que existia em São Paulo uma faculdade de cinema, eu não pensei em fazer outra.

E: E...?

FDS: Eu me encontrei com o professor de artes da quarta série, que era professor do curso de teatro na Faap, que rolava em paralelo ao curso de artes plásticas. E ele me convidou para ajudar a fazer uns pedaços de cenário e adereços para uma peça que ia estrear naquele fim de semana.

E: Que peça era essa?

FDS: Uma adaptação da *Tempestade,* de Shakespeare, criada coletivamente. E foi dessa turma que o grupo Pod Minoga surgiu, uns cinco anos depois, em 1972.

E: Os cinco fundadores do grupo estavam nessa peça?

FDS: Eu inclusive, que só ajudei a fazer uns objetos. Os outros eram o Naum Alves de Souza, o Carlos Moreno, a Mira Haar e o Dionísio Jacob – mais conhecido como Tacus.

E: Você ainda não explicou por que começou a escrever peças de teatro meio sem querer.

FDS: Então, esse grupo se formou com essas cinco pessoas, que alugaram um galpão na rua Oscar Freire, em Pinheiros, entre a rua Cardeal Arcoverde e aquele viaduto que agora tem uma estação de metrô.

Em cena com Carlos Moreno, que era chamado por todos de Carlinhos.

E: E as peças eram criadas coletivamente, como aquela adaptação de *Tempestade*?

FDS: Isso. Tudo era criado a partir de exercícios de improvisação. Os espetáculos não tinham texto escrito e decorado. Era tudo só combinado e muita coisa diferente rolava em cada apresentação.

E: Mas, então, como é que você virou escritor de teatro?

Palco/ateliê do Pod Minoga, no galpão da rua Oscar Freire.

FDS: Calma. As peças desse grupo foram ficando cada vez menos improvisadas, elas não tinham texto, mas tinham um roteiro, e depois que os diálogos das cenas eram criados eles permaneciam quase iguais. Inclusive porque eram peças musicais, com muita música cantada e dançada, mas não dança mesmo, que ninguém era dançarino, era tudo uma mistura de teatro musical americano – cujas referências que a gente tinha eram mais de cinema do que de teatro –, circo, teatro de revista brasileira e as artes plásticas, que continuaram fazendo parte dos espetáculos do grupo.

E: E os textos escritos?

FDS: Surgiram por causa da censura.

E: Como assim?

FDS: Naquela época, 1977, ainda existia censura prévia para teatro. O texto tinha que ser mandado para Brasília até um mês antes da estreia. Aí ele voltava com cortes, sempre, e às vezes a peça era totalmente proibida.

E: Elas não podiam ser apresentadas?

FDS: Não. Era proibido. Quem desobedecesse estava infringindo as leis. Sendo bandido. Podia ser preso, acusado, julgado, condenado.

E: E vocês tiveram que mandar um texto para Brasília por quê?

FDS: Porque apareceu uma oportunidade de a gente se apresentar em um teatro oficial, cobrando ingressos etc.

E: Até então as peças do grupo Pod Minoga eram apresentadas só no galpão da rua Oscar Freire?

FDS: Isso. Sem ingresso, sem reportagem de estreia nos jornais e revistas, sem crítica. Era experimental... Tipo obra de arte.

E: Uma peça apresentada num teatro com ingressos etc. não pode ser obra de arte?

FDS: Pode, mas tem algum interesse comercial; produção, mesmo quando é apresentada em teatro público, com verba pública.

E: E qual foi essa peça?

FDS: *Follias bíblicas*. Foi a primeira peça do grupo feita com pouca participação do Naum, que estava começando a carreira solo de dramaturgo e diretor profissional.

E: E vocês tiveram que sentar e pôr o texto no papel.

FDS: Foi bastante dramaturgia, porque quando rolou essa chance a peça ainda estava sendo criada. Então, a maioria das cenas não estava pronta. A gente teve que ser dramaturgo mesmo. E foi assim que eu escrevi a primeira peça. Depois a gente teve que fazer o mesmo para a peça seguinte, *Salada paulista*, e a última do grupo, *Às margens plácidas*.

E: E você continuou escrevendo peças.

FDS: Só que eu já tinha escrito duas peças antes.

E: Como assim?

FDS: Eu estava mentindo. Para mim mesmo, inclusive.

E: COMO ASSIM?

FDS: Eu já tinha começado a escrever porque começaram a sobrar ideias. Criação coletiva é assim, todo mundo têm muitas ideias e só algumas são aceitas. Então, começaram a sobrar ideias. Teve uma peça do grupo, em 1975, bem doida, *Cenas da última noite*, com alguns pedaços escritos, e eu escrevi alguns desses pedaços.

E: E o que aconteceu com o grupo entre 1975 e 1977?

FDS: Várias tentativas de peças que acabaram não rolando. Muita briga. Vários adolescentes ficando adultos e deixando de aceitar sem restrições as ideias e orientações do "dono" do grupo. E em 1977, como ele começou a ter o próprio trabalho solo, tudo se acalmou o suficiente para uma peça ficar pronta.

E: E foi nesse intervalo que você escreveu aquelas duas peças?

FDS: Foi. Por causa, também, das prateleiras de livros de peças que eu li na Escola de Comunicações e Artes da USP, onde fiquei um ano e meio.

E: Para completar esse capítulo, vamos incluir um depoimento que Flavio de Souza escreveu para o livro produzido juntamente com a exposição sobre o grupo Pod Minoga, por Carlos Moreno, no Sesc Pompeia, em São Paulo.

Depoimento para o livro sobre o grupo teatral Pod Minoga Studio

Em 1962, com 6 anos, eu passei um ano maravilhoso na Faap, naquela época apenas Fundação Armando Álvares Penteado, onde só havia cursos livres. O que eu fiz era de teatro e artes plásticas, e desde então a minha vida passou a girar em torno dessas duas atividades.

Cartaz feito a seis mãos por Carlos Moreno, Dionísio Jacob e Flavio.

Eu me lembro bem da primeira aula de artes em que a professora mandou a gente rabiscar numa grande folha de papel com os olhos fechados, ao som de uma música.

Eu me lembro também de uma tarde em que minha mãe ficou doida comigo porque ela tinha recomendado que eu tentasse me sujar o mínimo possível porque íamos a uma festinha logo depois da aula do curso. Quando, ao vir me buscar, ela me viu, suspirou muito profundamente, provavelmente contando até mil para não me beliscar bastante. Eu estava sujo de tinta da cabeça aos pés. Eu me lembro de ter tomado um tipo de banho num banheiro lá da Faap mesmo.

Eu me lembro muito da noite em que fiquei esperando ela vir me buscar e foi ficando tarde, escureceu, as portas foram se fechando e foram me levando pra fora, até que eu estava sozinho sentado naquela escadaria da entrada principal, com o prédio todo escuro às minhas costas, e ela chegou, então, correndo esbaforida.

E eu me lembro muito bem também da peça que finalizou as atividades daquele ano, uma adaptação da história da dona Baratinha que tinha dinheiro na caixinha e de dom João Ratão, o noivo que caía na panela de feijão. Naquela versão, o noivo guloso era salvo por uma fada no final. Desde aquele dia eu adquiri um vício que atualmente está controlado, mas que duvido que eu perca antes de ir desta para uma melhor. Eu passei a sonhar, devanear, imaginar e desejar estar no palco.

Eu acabei subindo muitas vezes no palco, ficando na plateia, na cabine de som e na coxia, ou seja, trabalhei como autor, diretor, produtor, cenógrafo, assistente de direção, criador de trilhas, operador de som e luz e ator – e numa temporada fui bilheteiro, contrarregra e porteiro.

O grupo Pod Minoga já existia antes de ter esse nome e uma sede num galpão da rua Oscar Freire. Ele nasceu de um curso como o que eu fiz quando criança, mas anos depois, quando os participantes já eram pré-adolescentes e adolescentes. Eu passei a fazer parte dessa história bem depois.

Boa parte dos devaneios e sonhos teatrais que se realizaram na minha vida de artista se realizaram graças ao tempo em que fiz parte do grupo Pod Minoga.

Não foi a época mais feliz da minha vida – e alguns daqueles dias foram os piores. Eu nunca consegui explicar para mim mesmo por que um cara muito, muito, muito tímido inventou de querer ser ator e, depois de experimentar e sofrer, continuou querendo e sendo.

As pessoas que participam ou participaram de grupos teatrais podem dizer o quanto quiserem que nunca lutaram por um lugar ao sol, ou melhor, um lugar à luz dos refletores. Quem sobe num palco comete essa insensatez para ser visto, admirado, elogiado e, mais que tudo, amado. Por multidões! O probleminha é que geralmente tem outras pessoas que também querem a mesma coisa de um lado, de outro, atrás e, o que é pior, na frente! E na maioria das vezes seus melhores amigos se tornam seus piores rivais.

Um dos comentários mais comuns de quem me via no palco do galpão do Pod Minoga é que quase sempre era muito difícil de me enxergar, porque eu entrava, fazia e falava tudo bem rápido e saía na mesma velocidade ou mais rápido ainda. Por quê? Para sair logo daquele lugar, onde eu tinha desejado tanto estar e até lutado para estar.

A melhor parte era todo o processo de criação e montagem dos espetáculos. Os cinco membros principais, fundadores, os que mantinham o galpão funcionando, eram artistas plásticos, e os cenários eram uma mistura muito interessante de vários estilos de desenho, pintura, bonecos, objetos.

Eu entrei para o grupo em 1971, e fiquei até a entrega do galpão, em 1980. Foram nove anos de muito trabalho, muita brincadeira, muito aprendizado e também muito sofrimento. A partir do segundo ano foi se criando uma dinâmica bem neurótica entre os cinco membros fundadores e em relação aos vários convidados. Se existisse a máquina do tempo, tem lugares que eu visitaria em certa época para reviver certas situações, e, em outras, para fazer tudo diferente. Mas eu com certeza não voltaria para quase nenhum daqueles dias, dos quais não tenho saudade. Eu pensei muitas vezes em sair e fazer outras coisas na minha vida, mas eu não conseguia abrir mão de fazer parte daqueles espetáculos que eram uma mistura de teatro, performance, instalação. Quando estava tudo funcionando, e eu me via representando, cantando, dançando, fazendo parte daquele mundo plástico, tudo ganhava sentido, parecia valer a pena.

As coisas começaram a mudar para mim quando passei a escrever peças individuais. Por causa da minha participação na criação das peças, eu comecei a ter vontade de escrever. Li todas as peças que achei na biblioteca da ECA (Escola de Comunicações e Artes da USP) e comecei minha carreira solo de dramaturgo, que provavelmente não existiria se eu não tivesse feito parte do Pod Minoga. Eu já tinha a pretensão de ser escritor, eu já tinha escrito contos e um bom pedaço de uma novela policial antes de entrar para o grupo, mas a dramaturgia se tornou um ofício depois de se tornar uma mania, quase um vício, por causa da minha estadia naquele galpão da rua Oscar Freire.

Eu passei aqueles anos cada vez mais isolado dos amigos de fora do grupo, cada vez com menos fins de semana, sem viagens, sem tempo jogado fora. Muitas vezes lamentei não estar fazendo as loucuras e besteiras próprias dessa idade, mas eu acabei me dando conta de que estava fazendo loucuras e besteiras, apesar de ser de outro tipo. E se eu dissesse que me arrependo de ter gasto quase toda a minha adolescência e parte dos primeiros anos da vida adulta trancado naquele galpão, eu estaria mentindo.

Eu aprendi, em primeiro lugar, a trabalhar em equipe. Desenvolvi um estilo de desenho por conta dos muitos telões que serviam de cenário às peças e dos objetos, bonecos e até figurinos que criei e executei para meus personagens ou para as cenas de conjunto, além da maquiagem, em que a gente usava o rosto como uma tela ou papel em branco.

Flavio, no chão, numa versão mumificada de Ismael, em *Follias Bíblicas*.

Foi para as peças do Pod Minoga que eu escolhi músicas pela primeira vez, escrevi letras para canções. E foi com os outros integrantes que eu assisti pela primeira vez a uma ópera, filmes clássicos de cinema mudo, espetáculos de teatro de revista, circos mambembes... E essa foi uma das "lições" mais importantes que eu aprendi com o grupo: não ter preconceito em relação a qualquer atividade artística ou cultural e misturar, sem cerimônia, linguagens diferentes. A outra foi dar sempre um jeito de fazer as coisas, não depender de muito dinheiro, de materiais caros ou raros, de conhecimento técnico; ter sempre a certeza de que existe sempre um jeito de fazer seja o que for, e o resultado pode ser surpreendentemente bom e original, forte e inovador.

O eco da biblioteca da ECA

Entrevistador: Você entrou na USP logo na primeira tentativa.

Flavio de Souza: Eu fiz o colegial (o ensino médio do meu tempo) numa escola muito boa, e eu sabia bastante inglês, que aprendi com uma professora particular incrível, chamada Lily Borger. Essa foi a primeira de várias Lilys e Lilis que eu conheci.

E: Você entrou para fazer cinema.

FDS: Esse foi o meu problema com a ECA.

E: E qual foi o problema?

FDS: Eu descobri no primeiro dia de aula que a parte de cinema ia começar só no quinto ou sexto semestre. Durante dois anos, pelo menos, tinha o curso básico de comunicações, comum a quase todos os cursos – os alunos de jornalismo já ficavam livres disso no terceiro semestre.

E: Você não gostou do curso?

FDS: Gostei de algumas partes, alguns professores. Mas a maioria seguia um esquema: no primeiro dia de aula, os temas de todo o semestre eram distribuídos entre grupos de alunos, que depois apresentavam em forma de seminário, um a cada aula.

E: Tipo uma palestra?

FDS: Tipo um seminário: um verdadeiro terror para quem é tímido.

E: Mas você já era ator no grupo de teatro.

FDS: Mas lá tinha ficção, figurino, maquiagem, cenários.

E: E várias vezes você teve de fazer papel de você mesmo.

FDS: Exato. E naquela época eu não era muito fã de mim mesmo.

E: Você teve uma segunda fase da doença chamada púrpura nessa época, não foi?

FDS: Justamente.

E: E os seminários dos alunos?

FDS: Eram chatíssimos, ninguém aprendia nada, porque ninguém tinha sido treinado para dar aula. Era inútil, perda de tempo.

E: Então você conheceu a biblioteca da ECA.

FDS: Eu conheci logo na primeira semana de "aula". Eu sempre adorei ler e a biblioteca da ECA não tinha muitos livros de arte – com fotos, produções de quadros etc. –, mas tinha seis prateleiras de livros com textos teatrais.

E: Foi um tipo de curso de dramaturgia.

FDS: Com certeza. Eu li a coleção da obra completa de Nelson Rodrigues, algumas peças de Plínio Marcos. Bastante Beckett, Eugene O'Neill, Tennesse Williams, Ionesco, Pirandello, Albee, Brecht. Checov, Thorton Wilder. Noel Coward. Tragédias gregas.

E: E Shakespeare.

FDS: Em péssimas traduções. Praticamente ininteligíveis. Foi a partir das traduções de Millôr Fernandes que a gente começou a ter acesso ao gênio do Shakespeare no Brasil.

E: Um gênio pelas mãos de outro.

FDS: Isso. Mas não tinha nenhuma das traduções dele na biblioteca da época. Mas tinha alguns livros dele, um com peças. Ele fez parte do meu curso de dramaturgia. Se bem que tem uma tradução da peça *Julio César* feita por aquele político, o Carlos Lacerda, no início dos anos 1960, que é magnífica.

E: E então, você escreveu duas peças...

FDS: Uma infantil, chamada *O aniversário da pata Cristina*, e uma para adultos, chamada *Suicidas em revista*.

E: O que você gostaria de falar sobre essas duas peças?

FDS: Nada.

E: E por que esse trecho dessa entrevista vai se chamar "O eco da biblioteca da ECA"?

FDS: Porque eco tem o som quase igual ao de ECA, de biblioteca. E porque a biblioteca da ECA, pelo menos de noite – eu era da turma noturna –, estava sempre vazia e realmente tinha um pouco de eco.

Vida de cachorro

Entrevistador: Sua estreia aconteceu com a peça *Vida de cachorro*?

Flavio de Souza: É, a estreia de dramaturgo solo e de diretor começou com essa peça.

E: Como isso aconteceu?

FDS: Com uma história que eu comecei a escrever para aquela revista para crianças chamada *Recreio*.

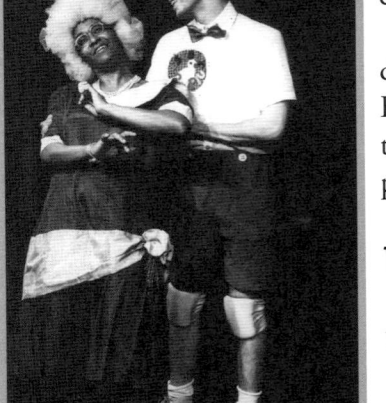

Cleide Queiroz e Carlos Moreno em *Vida de cachorro*.

E: Ela chegou a ser publicada?
FDS: Não, porque foi ficando grande demais.
E: Você já tinha escrito outras peças, além daquelas duas?
FDS: Umas cinco ou seis. Uma delas tem um nome interessante: *Segredos malcomportados*.
E: O que você acha de ter um trecho dessa peça aqui?
FDS: Tudo bem. Mas esse trecho tem que ser bem escolhido, porque essa peça não só não era para crianças como era bem pesada.

> **Trecho da peça *Segredos malcomportados***
>
> (*Mulher acha carta no chão. Ela abre, lê. Põe fogo*)
>
> MULHER – Ninguém nunca vai saber de nada. Ele nunca vai saber de nada. Nem que eu tenha que pôr fogo num convento. Nem que eu tenha que seduzir o carteiro, ou cravar uma adaga em seu peito. Nem que eu tenha que matar o grande amor da minha vida!

E: Então a história para a revista *Recreio* acabou virando uma peça?
FDS: É.
E: Você escreveu por escrever? Ou foi pensando em uma montagem?
FDS: Sim e não.
E: Como assim?
FDS: Todas as peças que eu escrevi até então foram sem pensar em montagem. Minha autoestima era baixa.
E: Por algum motivo em especial?
FDS: Eu já estava casado, já era pai e estava ganhando pouquíssimo dinheiro, porque tinha resolvido seguir pelo caminho mais comprido.

Capa da revista *Recreio*, 1979.

E: O que você quer dizer com isso?

FDS: Um ano antes de o Leonardo nascer, eu tinha um emprego na editora que produzia os fascículos do *Telecurso Segundo Grau*, que foi uma série educativa produzida pela TV Globo. Eu era assistente de arte, o que significa que eu fazia tudo o que era chato, tudo o que o diretor de arte não queria fazer.

E: Você acordava cedo todo dia, ia trabalhar e voltava no final da tarde?

FDS: Isso. Como a maioria das pessoas faz. O trabalho nem era totalmente desgastante. O fascículo era muito bem escrito e bem ilustrado. Ruim mesmo é que eu fiquei viciado em tabaco, nicotina e nos milhares de outros venenos que têm em cada cigarro.

E: Por que isso aconteceu?

FDS: Eu trabalhava com o diretor de arte e outro assistente numa sala que ficava no fim de um corredor. A minha mesa ficava bem no meio da sala; eu não via o que acontecia no corredor.

E: Não tinha janela?

FDS: Tinha uma, e eu passava o dia sentado de frente para ela.

E: E o que você podia ver pela janela?

FDS: Um pedaço de uma parede cinza do prédio ao lado.

E: E o cigarro tornava sua vida menos cinza?

FDS: Pelo contrário: o diretor de arte fumava o dia inteiro atrás de mim e o outro assistente, que era uma assistente, fumava o dia inteiro na minha frente. Um dos grandes acontecimentos do nosso cotidiano era beber uma xícara de café de uma garrafa térmica. E depois de cada cafezinho, os dois fumavam. Eles fumavam também vários cigarros entre cada café.

E: Então você já fumava sem fumar.

FDS: É, e aí eu já tinha começado a fumar, mas no máximo dois ou três por dia. A partir daí, eu comecei a fumar mais de um maço por dia.

E: Depois você parou de fumar?

FDS: Sim, vinte anos depois. E foi uma das coisas mais difíceis que já fiz na minha vida. Fumar é uma coisa que as pessoas não deveriam começar nunca.

E: E foi por causa do cinza – da parede – e das cinzas – dos cigarros – que você desistiu desse emprego?

FDS: Não. Foi por causa do teatro. Eu comecei a dar cursos de teatro para adolescentes no galpão do Pod Minoga e a desenvolver roteiros para os espetáculos dos alunos. Sem premeditar, ou planejar, comecei também a ser diretor por causa desses espetáculos.

E: Mas o grupo Pod Minoga estava acabando.

FDS: Estava. Mas essa parte da história é tão triste e chata que eu vou pular.

E: Tudo bem.

FDS: Mas eu ainda queria fazer teatro. E estava fazendo alguns filmes de publicidade, como ator e ilustrador. E outros bicos. E eu cometi a loucura de pedir demissão.

E: E esse caminho continuou duro, pesado e espinhoso até quando?

FDS: Essa situação começou a melhorar quando eu comecei a escrever os programas para a TV Cultura, em 1986, mas eu só comecei a ganhar uma quantia fixa mensal com a qual dava para viver razoavelmente bem em 1991, quando criei e escrevi o seriado *Mundo da Lua*, porque peça de teatro pode dar algum dinheiro, mas durante algum tempo, até a temporada acabar...

E: Foram mais de dez anos de luta.

FDS: Contra várias pessoas, contra mim mesmo. Eu era considerado um vagabundo por várias pessoas. Um parente – agregado – chegou a me comparar com o personagem principal do livro *O vermelho e o negro*, que é o modelo de alguém medíocre, que não tem talento algum, nenhuma capacidade especial, uma pessoa até pouco inteligente e que apesar de tudo isso é muito pretensiosa, se acha o máximo, é iludida a respeito de si mesma até morrer.

E: A troco de que esse parente fez essa comparação?

FDS: Porque ele e outros parentes achavam que eu devia desistir de querer ser artista, arrumar um emprego e trabalhar "como todo mundo".

Desenho do cartaz feito por Flavio.

E: Seus pais pensavam assim também?

FDS: Não, tanto que logo depois eles produziram as três primeiras peças escritas por mim que eu mesmo dirigi.

E: Voltando para *Vida de cachorro*, você disse que não escreveu pensando em uma montagem, mas sim... Explique-se.

FDS: Eu passei por um teatro onde funcionava a APTIJ (Associação Paulista de Teatro Infantojuvenil), que infelizmente não existe mais, e vi um cartaz anunciando um tipo de concurso de peças infantis que teriam leituras dramatizadas.

E: E esse foi o estímulo para você escrever a peça.

FDS: Foi. Ela foi uma das escolhidas e a leitura dramática aconteceu numa biblioteca infantil municipal chamada Monteiro Lobato.

E: Tinha que ser!

FDS: É, meu mestre maior, cuja obra foi e ainda é fonte de inspiração para mim e muitos outros. Tinha que estar envolvido de alguma maneira na minha estreia como dramaturgo.

E: Como são essas leituras dramáticas? Os atores ficam sentados com o texto na mão?

FDS: Não, geralmente eles estão com o texto na mão, mas se movimentam pelo palco. Só que, no meu caso, os atores decoraram o texto e todas as músicas foram compostas e cantadas com acompanhamento ao vivo – acho que era um piano.

E: Como foi assistir a uma peça sua encenada pela primeira vez?

FDS: Parecia mágica. Pessoas, situações, frases que antes só estavam dentro da minha cabeça agora estavam ali, ao vivo. É como se um sonho que você sonhou se materializasse na vida real. É muito louco, muito emocionante, completamente estimulante e educativo.

E: Ter as peças encenadas é o que faz o dramaturgo se desenvolver, não?

FDS: Com certeza.

E: Seus pais foram assistir à leitura?

FDS: Claro. E foi nessa noite que meu pai me comunicou: "A sua mãe e eu vamos produzir essa peça. E você vai dirigir." "Ah, é?", eu disse. "É...", ele respondeu. E assim foi. Eu consegui o teatro do Sesc da rua Doutor Vila Nova, um dos melhores de São Paulo, e tive uma estreia incrível, ganhei um prêmio de melhor autor, o APCA (Associação Paulista de Críticos de Artes), muitos elogios e um incentivo para continuar escrevendo e dirigindo.

O filho Leonardo, que assistiu a quase todas as apresentações.

E: *Vida de cachorro* foi também seu primeiro livro publicado, não foi?

FDS: Foi, mas eu acho melhor falar disso depois, tudo bem?

E: Tudo. É a sua vida, a sua obra, a sua peça, o seu livro...

Uma atrás da outra

Entrevistador: Quantas peças você já escreveu?

Flavio de Souza: A última vez que eu contei eram 67.

E: A maioria delas foi montada nos anos 1980 e 1990. O que aconteceu no século XXI?

FDS: Eu cansei de produzir, de dar murro em paredes, de trabalhar de maneira insana e não ganhar dinheiro – ou pior, pagar para trabalhar.

E: E a partir de *Vida de cachorro* você continuou escrevendo várias peças por ano.

FDS: É, eu escrevi uma atrás da outra. Antes de terminar uma, eu já começava a escrever outra e já tinha ideias para outra e outra e outra. São mais de 67 peças prontas, e muitas outras na gaveta, incompletas.

E: Você acha que vai acabar de escrever algumas dessas?

FDS: Talvez. Eu fiquei muitos anos com algumas peças dentro da minha cabeça antes de acabar de escrever. Por exemplo, a peça *Quase* *um bibelô* ficou na minha cabeça quase dez anos antes de um dia eu pensar: "Acho que sei como contar essa história".

E: Durante esse período você só escreveu para teatro?

FDS: Não, em 1986 eu comecei a escrever para televisão e não parei mais. Eu comecei a escrever roteiros de filmes também. E os primeiros livros.

E: Mas o que era mais importante de tudo isso nessa época?

FDS: O teatro. Eu deixei de lado a obsessão pelo cinema, deixei de sonhar em ser ator e cineasta – mas não completamente. E o teatro era a coisa mais importante do mundo. Eu gostei de criar e escrever programas como o *Castelo Rá-Tim-Bum*, mas naquela época isso era a segunda ou terceira coisa mais importante na minha vida profissional, quer dizer, eu não tinha noção de quanto esse *Castelo*, por exemplo, ia ser importante em todos os sentidos na minha vida. Para mim era só mais um programa de televisão.

E: E você acha que escreve bem para teatro de tanto escrever para teatro?

FDS: Sim e não. É claro que quanto mais você escreve peças, melhor você vai escrever peças. Mas foi importante para as peças eu ter escrito histórias em quadrinhos, livros, coisas para a TV, para as revistas, para o cinema. Escrever qualquer coisa é bom para tudo o que você escreve. Você está sempre aprendendo com seus acertos e erros.

E: E você não fez nenhum curso para isso?

FDS: Não. Quer dizer, eu fiz um pequeno curso com uma escritora portuguesa que foi muito enriquecedor. Mas a minha "faculdade" começou lá na biblioteca da ECA, lembra? E eu continuei lendo pilhas de livros sobre literatura, sobre redação, sobre roteiro de cinema e TV, sobre literatura para crianças, peças, livros infantis, livros de história, romances, novelas, biografias, livros com entrevistas com escritores, roteiristas e diretores de cinema e de teatro, educadores etc.

E: Você leu essa montanha de livros até quando?

FDS: Eu continuo lendo, essa montanha é cada vez maior. Esse sempre foi e continua sendo meu maior investimento de tempo e dinheiro.

Fica comigo esta noite

Entrevistador: De todas as suas peças montadas, qual foi a de maior sucesso?

Flavio de Souza: *Fica comigo esta noite.*

E: Que é uma peça para adultos. Como você é famoso pelos programas de TV e livros infantojuvenis, a maioria das pessoas acha que você só escreve para crianças.

FDS: Eu tenho esse "rótulo". Mas só um terço ou até menos das minhas peças são para crianças. A segunda peça que eu dirigi, *Parentes entre parênteses*, que ficou em cartaz mais de um ano, era antes uma peça infantil chamada *A menina bola* que virou uma peça juvenil, que virou uma peça para pessoas de todas as idades.

E: Seria interessante ter um trecho dessa peça aqui.

Cena da peça *Parentes entre parênteses*:
(*Maria puxa Mariana para fora, no meio do caminho ela se solta e assiste à metade da briga*)

MARIA – Vem comigo, Mariana.
MÃE – Por que você complica tanto a minha vida?
PAI – Por que você não me dá sossego?
MÃE – Por que você não ganha dinheiro?
PAI – Por que você não gasta menos?
MÃE – Por que você grita comigo?
PAI – Por que você grita comigo?
MÃE – Por que eu casei com você?
PAI – Por que eu fui te pedir em namoro?

(*Maria volta e leva Mariana para fora*)
MÃE – Por que eu fui aceitar?
PAI – Por que eu fui gostar tanto de você?
MÃE – Por que você não gosta mais?

PAI – Por que você pensa assim?
MÃE – Por que não?
PAI – Por que eu não vou embora daqui?
MÃE – Por que não?
PAI – Por quê?... Porque sim!

(*Pai pega mala e sai*)
(*Mãe corre e fica na "porta", gritando na direção em que ele se foi*)

MÃE – Ei, espera aí! Por que você foi embora tão cedo? Eu ainda tenho muitos "por ques" pra te dizer. Não me deixe aqui sozinha. (*Indo para o meio da sala*) Com quem eu vou brigar?

Carlos Moreno, Iara Jamra e Mariana Suzá na peça *Parentes entre parênteses*.

E: Quando você escreveu *Fica comigo esta noite*?

FDS: Eu comecei a escrevê-la em 1980, mas essa primeira versão era uma peça para cinco ou seis atores. Os personagens estavam num velório e cada um deles tinha tido um relacionamento bem diferente com o falecido, e ele era tão diferente para cada uma delas que em certo momento todos ficam em dúvida se estão velando o mesmo morto.

E: Interessante. Por que você não escreveu essa peça?

FDS: Talvez eu escreva, um dia. Eu cheguei a fazer um roteiro e escrevi alguns pedaços. Um tempo depois, essa história mudou bastante, porque eu fiz um tipo de exercício. Chamava *Prólogo para Fica comigo esta noite*, e era um monólogo de uma viúva falando sobre o falecido com as pessoas que estavam à sua volta durante o velório – e com ele também.

E: O que aconteceu com esse prólogo?

FDS: Ele acabou virando a peça *Fica comigo esta noite*. Esse monólogo começou a virar uma peça com muitas pessoas, mas em que só uma delas a viúva falava. E então, certa hora, o morto ficou em pé e começou a falar.

E: Que assustador!

FDS: Não, foi uma coisa natural. Ela estava conversando com ele e então ele começou a responder e eu descobri que aquele prólogo já era a peça.

E: E foi essa versão que estreou?

FDS: Não, ainda teve uma intermediária entre essa e a que estreou.

E: Foi com essa peça que você começou a ter prestígio.

FDS: Mais prestígio, sim. Eu já tinha um pouco. Tinha recebido boas críticas – outras péssimas – e fui candidato a prêmios com as peças anteriores a essa. Mas foi com a *Fica comigo esta noite* que eu ganhei o prêmio Shell e recebi críticas excelentes, e deixei de ser o autor de peças "infantis", no sentido pejorativo. E foi depois, na segunda montagem, no Rio de Janeiro, que eu ganhei dinheiro com o teatro pela primeira vez.

E: Com a montagem de estreia, não?

FDS: Não, essa primeira, que foi em São Paulo, em 1988, com direção minha, era bem alternativa. O teatro era pequeno, as apresentações eram de segunda e terça-feira, eu produzi com umas poucas economias e os atores – a Marisa Orth e o Carlos Moreno – eram meus sócios. Nosso lucro foi só artístico.

E: E, dois anos depois, ela estreou no Rio de Janeiro.

FDS: Com direção do Jorge Fernando, com a Débora Bloch e o Luiz Fernando Guimarães. A direção do Jorginho era super alto-astral. Acho que a minha versão era uma cerimônia de adeus, enquanto a dele era uma festa de despedida.

Débora Bloch e Luiz Fernando Guimarães na versão alto-astral dirigida por Jorge Fernando.

Cristiana Reali e Boris Terral na montagem de Paris.

E: E fez muito sucesso.

FDS: Eles ficaram em cartaz um ano no Rio, depois um ano em São Paulo e três anos viajando.

E: Então foi tudo de bom?

FDS: Não.

E: Como não?

FDS: Um sucesso de público e crítica pode ser ruim para o dramaturgo.

E: Por quê?

FDS: Você pode ficar tentado a se repetir, a fazer novas versões da peça de sucesso.

E: E as pessoas ficam querendo uma peça semelhante?

FDS: Sim, as outras peças são recusadas por não serem parecidas. Eu recebi encomendas de várias pessoas de uma peça como *Fica comigo esta noite*. Mas, além de não ter consciência ainda de que seria ruim para o meu trabalho, eu não consegui me "copiar".

E: Essa peça continua sendo querida.

FDS: Bastante. Ela teve uma ótima remontagem em 2006, com a Marisa Orth e o Murilo Benício, com direção do Walter Lima Jr. Teve uma montagem em Buenos Aires, dirigida pela minha amiga Flavia Moraes. Em Paris, com a linda e excelente atriz Cristiana Reali, e montagens locais em algumas cidades do Brasil como Curitiba. E tem sempre alguém querendo remontar em Buenos Aires e alguém que quer montar em Santiago e Montevidéu.

E: E nos Estados Unidos?

FDS: Teve um americano que assistiu no Rio, comprou os direitos por um tempo, traduziu e tentou conseguir o dinheiro para produzir, mas não conseguiu. Depois um inglês, casado com uma brasileira, quis montar em Londres.

E: É por isso que existe uma versão mais recente, que é mais comprida que a da estreia?

FDS: É, para os ingleses essa primeira versão era muito curta, porque não dava para ter intervalo.

E: Foi por causa dessa peça que você foi para Milão?

FDS: Foi. Um brasileiro que mora lá, o Eliel Ferreira, dirigiu uma pequena montagem nos anos 1990 e depois, em 2005, ele inscreveu a *Fica comigo* em um festival de leituras dramáticas no Teatro Piccolo – que não é nada pequeno, apesar de ter esse nome –, uma das salas de espetáculos mais importantes, não só de Milão, mas da Itália e até da Europa e, por que não?, do mundo!

Em Milão, em 2005, na frente de um dos teatros mais importantes da Europa e do mundo!

E: Em 2006, estreou a adaptação para cinema.

FDS: É, foi. Mas eu não quero falar disso, não por enquanto.

E: Tudo bem. Que tal entrar um trecho de *Fica comigo esta noite* aqui?

FDS: Ótimo.

Trecho de *Fica comigo esta noite*

ELA – Não é justo... Eu não poder me despedir dele. Não devia ser assim, né? A gente devia saber um dia antes. A gente se preparava. Passava a roupa preta, arrumava direito a casa... E se despedia... Que coisa, parece que ele foi viajar sem dizer tchau. Parece que o trem está partindo, e ele não apareceu na janelinha pra acenar... Ah, não! Chega de vem e vai! Eu vou receber as pessoas aqui, e ponto-final!... Não insista, Loira! E daí que você tem vergonha? Problema seu, minha filha! Eu não tenho vergonha desse quarto!

(*Para alguém que entrou no quarto*) – Oi, a senhora estava aí...? É... Isso... (*Indica cama*) Parece? Sabe que pra mim também? Pra mim ele ainda não morreu. Ele está aí, não está?

(*Ela começa a chorar*)
ELA – Me deixa em paz, eu choro quanto eu quiser, eu estou na minha casa.

(*Pausa. Ela suspira, com o olhar perdido. "Acorda"*)
ELA – Eu chorei...? Nem percebi... O que eu estava falando mesmo...? Ah! Parece que eu vou acordar e ele vai estar ali do meu lado. E eu vou suspirar aliviada. E vou levantar pra fazer o café. E pronto. Talvez amanhã... Hoje ele ainda está aí...

(*Pausa*)
ELA – Eu ainda não me despedi.

Para sempre

Entrevistador: No fim dos anos 1990 sua produção de textos para teatro diminuiu, mas não parou.

Flavio de Souza: Não, eu continuo escrevendo pelo menos uma peça por ano. Não, duas peças por ano. O teatro continua sendo a base de todo o meu trabalho de escritor.

E: Tem certeza?

FDS: Não. Na verdade, tudo é importante. Eu já deixei de achar que escrever para televisão, por exemplo, é uma perda de tempo ou que só serve para se ganhar dinheiro ou é muito legal, mas não se compara com escrever para teatro. Afinal, escrever para televisão é, inclusive, um exercício para diálogos.

E: Você tem mais alguma coisa para falar sobre as suas peças?

FDS: Tenho. Muita coisa. Mas isso não é uma enciclopédia, é?

E: Não.

FDS: Então vamos passar para o próximo assunto, por favor!

Pica-pau musical

Entrevistador: Vamos falar só um pouco do seu encontro com o mestre dos mestres? Afinal de contas, Monteiro Lobato e você estão entre as quarenta personalidades mais relevantes para as crianças do Brasil, eleitas por cem autoridades em música, educação, literatura infantil, direitos das crianças, saúde infantil, entre muitos outros, para a revista *Pais e filhos*.

Cena do espetáculo *Sítio do Pica-pau amarelo – o musical*.

Flavio de Souza: Eu nunca me senti tão "importante" quanto no dia em que abri a revista e vi essa matéria. Vamos colocar aqui o que tem no meu *site* sobre esse assunto? Está tudo bem explicado lá.

E: Tudo bem.

FDS: Eu só quero colocar, antes do texto do *site*, uma das letras que eu escrevi especialmente para esse musical – o André Abujamra fez as melodias. Nessa peça tem duas coisas bem presentes na minha carreira de escritor: a inspiração de Monteiro Lobato e os contos de fada. Essa letra é para a Cinderela, que vai ao Sítio do Pica-pau Amarelo para o casamento da Emília com o Marquês de Rabicó:

Oi, eu sou a Cinderela
Lembram de mim?, sou aquela,
Com a vida que parecia
O final de uma novela!

Pra me manter sempre bela
Jovem, sã e magricela,
Só tem rodela, na minha panela,
de nabo, chuchu e berinjela!

> Meu príncipe, o Marcelo
> Que um dia, já foi tão belo,
> Nunca mais fez um duelo,
> Um esporte, um polichinelo!
>
> Ele era fino, um violino,
> Hoje parece um violoncelo.
> Vive comendo caramelo,
> E ficou de castigo, no castelo!

E: Agora então entra o texto sobre a peça, certo?
FDS: Certo.

> Fiquei muito feliz quando fui convidado pelo Sandro Chaim para fazer o texto do *Sítio do Pica-pau Amarelo – o musical*, primeiro porque é um musical, segundo porque é com o Sandro, terceiro porque é com o [Roberto] Talma – o diretor – e quarto, quinto e sexto porque finalmente eu estou realizando o sonho de participar de alguma coisa com a turma do Sítio.
>
> É um grande orgulho participar de um projeto com a obra mais importante e interessante da literatura para crianças de todas as idades. Eu reli todos os livros antes de escrever o texto, e me deliciei como se estivesse lendo pela primeira vez e tivesse 8 anos de idade.
>
> Foi delicioso, mas difícil, por causa da responsabilidade: os livros do Monteiro Lobato ainda são os primeiros lidos por muitas pessoas, inclusive eu.
>
> O uso "antropofágico" de personagens de contos de fada tem muito a ver com o que eu escrevo para crianças em teatro, televisão, livros ou cinema.
>
> A mistura de personagens do Sítio com personagens dos contos de fada acontece em vários livros do Monteiro Lobato, inclusive nos dois de onde eu tirei as histórias que compõem a peça: *Reinações de Narizinho* e *O Pica-pau Amarelo*.

No Brasil, pelo menos, ele com certeza foi o primeiro que fez isso, misturando personagens de contos de fada e também de cinema americano da época com os personagens dele, sem a menor cerimônia e com resultado maravilhoso.

Essa ideia está contida nesses e em outros livros dele, como *Memórias da Emília*. Eu fiz isso em vários livros e peças de teatro, inclusive na peça que virou livro, *Chapeuzinho adormecida no país das maravilhas*, que ganhou em 2006 o prêmio Jabuti de livro infantojuvenil. Quando eu escrevi essa peça, não tinha noção de que estava fazendo o que o Monteiro Lobato fez, mas com certeza isso ficou na minha cabeça desde que li pela primeira vez os livros dele, quando tinha 8 anos, mais ou menos.

Mas, quando escrevi o texto do *Sítio do Pica-pau Amarelo – o musical*, eu tinha total consciência de que estava usando essa ideia genial do mestre dos mestres dos escritores de histórias infantis.

Meu nome na capa

> Roteiro de assuntos para capítulo sobre os primeiros livros escritos e publicados:

O que o Pateta, a Luluzinha e a Pantera Cor-de-rosa têm em comum?

– Falar das traduções do inglês para o português de histórias em quadrinhos para a editora Abril.

– Falar que foi meu pai quem conseguiu esse trabalho para mim – na época, ele era diretor das revistas infantis da Abril. Deixar claro (discretamente) que, se houve nepotismo, eu realmente sabia inglês, sabia traduzir e sabia escrever.

– Além de ser o primeiro trabalho remunerado, foi muito bom para mexer com diálogos, porque em inglês as palavras são geralmente menores e o espaço no balão é o mesmo na versão em português. Portanto, era preciso adaptar, dizer a mesma coisa em menos palavras: desafio.

– Foi um ótimo treinamento para mais tarde escrever diálogos para peças, roteiros de filmes e TV, livros.

Em anúncio para uma revista da Abril.

— A Pantera Cor-de-rosa é um homem. Não, melhor: é um pantera macho, apesar de ser "a" pantera. Em inglês, a palavra é neutra, nem masculina, nem feminina: *panther*.

— Essa informação é interessante, mas é preciso achar um jeito de não ficar jogada ou forçada.

— Pesquisar datas: isso aconteceu em 1973? Ou 74? Ou 73 e 74?

Uma Ideia Editorial

— Editora criada pelo pai, Cláudio de Souza, quando saiu da editora Abril. Infelizmente, ele tinha acabado de comprar tudo de mais interessante e comercial em histórias em quadrinhos no mercado internacional para a editora Abril, logo antes de se demitir. Acabou fazendo concorrência consigo mesmo.

A primeira história publicada anunciada na capa, em 1981.

— Falar que trabalhou lá, criando, escrevendo e até ilustrando revistas de HQs, de histórias infantis e de atividades.

— O título desse capítulo se refere ao nome da editora: Ideia Editorial.

— Fazer ligação com o nome do capítulo, "Meu nome na capa", falando sobre ver pela primeira vez o nome na capa das revistas de histórias e atividades como autor. Assinando.

— Fazer pesquisa sobre datas. A Ideia durou de 1975 a 76? Ou até o início de 1977?

Na hora da *Recreio*

— Explicar título: brincadeira entre "hora do recreio" e o nome da revista *Recreio*.

— Primeira história publicada, "Homem não chora", que depois virou livro e teve uma nova versão feita com acréscimos e mudanças no texto, e que é um dos livros mais vendidos – e mais queridos.

– Além das histórias, atividades e pequenas narrativas. Colocar exemplo.

– Falar das ilustrações feitas para histórias e atividades de outros autores, além das de sua própria autoria.

Histórias de menino

– Falar sobre já ser pai do Leonardo e que isso tem a ver com o pique para criar e escrever histórias para crianças.

– Algumas histórias foram inventadas para o Leonardo, que gostava de ouvir MUITAS histórias antes de dormir.

– Falar do fato de doze anos depois ter acontecido um recomeço (um renascimento) disso com o nascimento do Theodoro.

– Falar que muitas das histórias escritas nesse período são autobiográficas; têm um pouco a ver com o Leonardo, mas bastante viagem.

– Falar de uma das melhores histórias, *A mãe da menina e a menina da mãe*.

– Colocar o texto sobre *A mãe da menina* do *site*:

> Apesar de ter uma menina como personagem principal, este livro tem muito de autobiográfico.
>
> Hoje em dia eu sou mais escritor que qualquer outra coisa, mas eu comecei a desenhar bem antes de aprender a ler e escrever, e nunca parei. Desenhar é o que me faz descansar do esforço que é escrever.

Flavio com Leonardo, em 1979.

Eu tinha essa mania de dar presentes para a minha mãe (e para o meu pai também) em forma de desenho. Minha mãe era bem desligada, tinha que cuidar de quatro filhos, da casa e dar aulas, e mais de uma vez ela, fazendo uma faxina no quarto dela, me devolveu uma pilha de desenhos meus. O que me deixou MUITO chateado. Porque é bem chato quando alguém devolve um presente que você deu, não é?

Eu tinha a mania de fuçar no guarda-roupa dos meus pais também. E foi vendo uma foto da minha mãe quando criança que eu tive essa noção de que os pais também foram crianças. Eu lembro que parecia que eu tinha descoberto a América. O engraçado é que foi uma foto da minha mãe mesmo, porque meu pai não tinha fotos da infância dele, não sei por quê.

Na época em que eu escrevi essa história eu estava escrevendo várias histórias sobre filhos e pais e avôs e irmãos. E eram todas com um menino como protagonista, porque todas tinham motivações autobiográficas, apesar de que nenhuma delas era totalmente baseada em fatos reais. E algumas foram criadas com base em fatos que aconteceram com outras pessoas, histórias que tinham me contado. E todas sempre tiveram muito de imaginação.

Mas essa história em particular acabou tendo uma menina como protagonista porque eu achei que seria interessante a criança ter essa mania de fuçar no guarda-roupa da mãe, e uma menina poderia experimentar as roupas da mãe, as bijuterias, o batom... Não que um menino não possa ter essa vontade, mas eu achei que ia ficar esquisito ter um elemento que até poderia fazer parte de uma história, mas que nessa ia só ser um barulho.

Eu não me lembro de ter sido influenciado por nenhum livro para escrever essas histórias familiares, mas isso a gente nunca sabe, não é? Acho que tudo que escrevo tem a ver com tudo o que eu li em livros, histórias em quadrinhos, revistas; e assisti em teatro, cinema e televisão. E, hoje em dia, na internet. Acho que a gente é antropofágico mesmo sem ter essa intenção e sem ter noção.

Flavio no quintal da casa da avó Tereza e do avô Basílio.

Flavio, Theodoro e Leonardo em 2008.

Vida de cachorro outra vez
– Primeiro livro publicado.
– Adaptação da primeira peça de teatro encenada.
– Contar como a atriz e produtora da montagem da peça no Rio de Janeiro (dirigida pelo José Lavigne, diretor do programa *A grande família*) armou a publicação do livro na editora de umas amigas (que tinha um nome muito bonito: *Memórias futuras*) como um recurso para esquentar a divulgação da peça.
– A adaptação foi feita em um dia.
– As ilustrações foram feitas em dois dias – pelo autor!
– A capa era uma reprodução do cartaz da peça, para aproveitar o fotolito: tinha o texto anunciando a peça e colocaram embaixo: "Leia o livro e veja a peça!".
– A ilustração do cartaz da peça era do autor também – isso é irrelevante em um livro sobre um escritor e roteirista?

Anos depois
– Falar sobre a ansiedade de que os escritores sofrem por causa da demora para que os livros fiquem prontos depois que a publicação foi aprovada pela editora – espera que às vezes dura anos.

Aventuras nos raios catódicos

Entrevistador: Antes de mais nada, o que são raios catódicos?

Flavio de Souza: São os raios que saem dos aparelhos de TV e que dizem que podem fazer mal às pessoas. É por causa deles que a sua mãe ou o seu pai ou sua avó ou a tia do vizinho falavam, quando você era criança: "Não fique perto do televisor, que faz mal para a saúde!".

O melhor jeito de aprender

Entrevistador: Qual é o melhor jeito de aprender a fazer alguma coisa?

Flavio de Souza: Fazendo.

E: Como foi que você foi parar na TV Cultura?

FDS: Foi por causa de uma pessoa chamada Rita Okamura.

E: Quem é essa pessoa?

FDS: Ela era uma das produtoras da TV Cultura na época em que os produtores faziam tudo: escreviam os programas, produziam, dirigiam e acompanhavam a edição.

E: E como é que um roteirista foi chamado para escrever o programa *Cata-vento*?

FDS: Por causa da Rita.

E: Dá para explicar melhor?

FDS: Dá.

E: E o que precisa acontecer para que você faça isso?

FDS: Nada. Eu sempre demoro pra contar essa história primeiro porque é uma velha história, que começou em 1986. Segundo porque a minha memória não é muito boa, principalmente porque eu estou sempre escrevendo várias coisas ao mesmo tempo. Terceiro porque não dá para contar tudo o que aconteceu durante anos e eu fico pensando nessa seleção, no que é melhor ser contado.

E: Tudo bem. Mas você já falou dessa Rita Okamura e não tem mais jeito, você vai ter que falar o que ela fez para você se tornar um roteirista de televisão.

FDS: Ela conhecia os meus livros, os dois ou três primeiros. E ela assistiu à minha primeira peça, *Vida de cachorro,* e me indicou para o teste de roteirista do programa *Cata-vento*.

E: Você escreveu mais de cem episódios desse programa, cada um de 15 minutos, não foi?

FDS: Foi. Acho que foram 120. E foi uma das melhores oportunidades que eu tive na minha vida, porque eu aprendi a escrever para televisão escrevendo.

E: Ajudou o fato de você ser alguém que já tinha escrito algumas peças de teatro?

FDS: Com certeza. Em televisão, ao contrário do cinema, os diálogos são a coisa mais importante. O que me ajudou também foi ter feito traduções de histórias em quadrinhos.

E: Televisão passou a ser a atividade mais importante da sua vida?

FDS: Não. O teatro ainda era mais importante. Mas o *Cata-vento* e os outros programas da TV Cultura que eu escrevi, ou criei e escrevi, mudaram a minha vida porque eu passei a ganhar uma quantia – mesmo que pequena – todo mês. Eu continuei fazendo todos os bicos que apareciam, como os testes de ator para comerciais, texto e direção e atuação em *shows* para convenções de empresas etc.

E: E você continuou escrevendo para teatro?

FDS: Sem parar. Era um sonho do qual eu não queria abrir mão.

E: O *Cata-vento* teve boa recepção?

FDS: De público, pouca, mas de crítica foi ótimo. Ganhou prêmios no Brasil, um em Cuba e um importantíssimo no Japão. A audiência era baixíssima, mas para mim isso foi ótimo.

E: Por quê?

FDS: Porque as pessoas da TV Cultura continuaram a não ter expectativa em relação ao programa. E eu pude continuar experimentando.

E: Como assim, "experimentando"?

FDS: Eu descobri a melhor coisa de se fazer TV. Eu escrevia um conjunto de cenas num dia, uma semana depois elas já estavam no ar e eu via o que tinha dado "certo" e o que tinha dado "errado", e a partir do que tinha funcionado eu continuava inventando.

E: Esse tipo de oportunidade é bem raro na televisão...

FDS: É mesmo. Nos canais abertos, a audiência determina tudo, cada 1% representa muito dinheiro em anúncios. É por isso que as emissoras continuam repetindo as mesmas coisas, os mesmos moldes de programa, porque é menos arriscado fazer um programa parecido com outro que já fez sucesso. A TV Globo era uma emissora com programas inovadores nos anos 1970 e 1980, porque eles tinham audiência garantida, havia pouca concorrência. Eles podiam arriscar.

Um erro, uma regra, um acerto e uma piada

Entrevistador: Que programa foi esse chamado *SOS Português*?

Flavio de Souza: Um bem didático. Foi um programa de rádio adaptado para TV.

E: Como ele era?

FDS: Como diz o título deste capítulo, entre um minuto e meio e dois, a gente mostrava um erro de português, a regra, a forma correta e uma piada.

E: Foi um tipo de desafio.

FDS: Foi. Depois eles diminuíram a duração para um minuto. Ficou mais difícil, mas ficou melhor.

E: Pena que alguns programas de TV são exibidos só por um tempo e depois nunca mais.

FDS: É, mas todo esse material foi reprisado várias vezes mais tarde no programa chamado *X-Tudo*.

E: Você aprendeu escrevendo esse programa?

FDS: Bastante. Não só em relação aos roteiros, mas também à língua portuguesa, que é tinhosa. Eu aprendi coisas que deveria ter aprendido na escola e não aprendi.

Senta... que lá vem história!

Entrevistador: Foi você quem inventou essa frase?

Flavio de Souza: Não. Eu gostaria de dizer que foi, mas seria uma mentira. Acho que foi o Fernando Meirelles.

E: O diretor do filme *Cidade de Deus*?

FDS: Esse mesmo. Ele era o diretor-geral do programa *Rá-Tim-Bum* e foi ele quem inventou essas vinhetas que entravam antes de cada quadro.

E: Tem gente que confunde esse programa com o *Castelo Rá-Tim-Bum*.

FDS: Tem.

E: Você acha esse melhor que o *Castelo*?

FDS: Sim e não.

E: Como assim?

FDS: O *Castelo* é mais bem acabado, tem poucas coisas que não deram certo e isso é porque ele é menos experimental.

E: E o *Rá-Tim-Bum* é mais experimental.

FDS: E por isso tem coisas que não deram certo, mas que tiveram que ficar. Só que tem coisas no *Castelo* que foram "descobertas" no *Rá-Tim-Bum*.

E: Por que esse programa é tão bom?

FDS: O Fernando deixou muita gente fazer o que sabia – e o que não sabia –, se sabia. Tem gente que acha que eu sou o grande autor desse programa. Não é verdade. Eu sou um dos criadores.

E: E quem mais é?

FDS: Na equipe de criação, além do Fernando e de mim, tinha dois ótimos diretores, o Paulo Morelli e o Marcelo Tas, e também o Flavio Del Carlo, que coordenou toda a parte de animação, que era enorme nesse programa. Mas muito mais gente foi autor. O Carlos Gardin, que fez todos os figurinos e criou a maquiagem e o cabelo de todos os personagens; atores como o Henrique Stroeter e o Renato

Corte Real criaram personagens. Na verdade, esse programa foi criado e executado por uma pequena multidão.

E: O *Rá-Tim-Bum* é um primo rico do *Cata-vento*.

FDS: É. Ele tem a mesma estrutura modular e segue também o currículo de pré-escola oficial – pelo menos o daquela época, claro.

E: O que isso quer dizer?

FDS: A gente tinha que seguir o que as crianças de pré-escola deviam aprender. Por isso, a gente teve que inventar 48 maneiras de apresentar a cor vermelha, 57 maneiras de apresentar os lados esquerdo e direito etc.

E: E qual foi a diferença entre o *Cata-vento* e o *Rá-Tim-Bum*?

FDS: O *Cata-vento* foi feito só com recursos da TV Cultura, enquanto o *Rá-Tim-Bum* teve um patrocínio da Fiesp. Pelo fato de ser tão inovador, tão rico de ideias, o *Rá-Tim-Bum* alavancou a carreira de várias pessoas, inclusive a do Fernando Meirelles e a minha.

E: Para esse programa, você se dedicou mais?

FDS: Sim e não.

E: Lá vem você com esse "sim e não" outra vez!

FDS: Eu me dediquei mais, eu chefiei pela primeira vez uma equipe de roteiristas. Foi difícil, eu detesto ter de mandar, e na verdade eu fui o "desbravador" dos quadros, eu escrevi os primeiros roteiros de cada quadro.

E: E de que quadro é a vinheta em que um locutor anuncia: "Senta... que lá vem história!"?

FDS: De uma historinha diária que entrava em quatro partes. É uma vinheta muito divertida e bonita.

E: Você ainda não explicou por que respondeu "sim e não" quando eu perguntei sobre a sua dedicação maior para este programa.

FDS: Eu continuava achando o teatro a melhor coisa do mundo. Enquanto inventava e escrevia para esse programa, eu dirigi a peça *Fica comigo esta noite*. Aliás, dirigi, produzi, fiz a trilha sonora e os cenários, com um amigo chamado Marcos Bottassi. E em seguida, trabalhei como ator no musical *Cabaret*, cantando, dançando, sapateando, interpretando.

E: Você não participou muito da divulgação do programa.

FDS: Não, eu fui muito bobo. No dia do lançamento, certa hora, o Roberto Muylaert – presidente da TV Cultura – e o Fernando foram para a entrevista coletiva. Eles me chamaram para ir junto e eu não quis ir! Que estupidez! Mas é porque eu era tímido e por isso sempre dizia algumas besteiras nas entrevistas, e, mais do que isso, eu achava que aquele era só mais um programa de televisão na minha vida. Eu realmente não tinha noção do quanto esse programa estava sendo e ainda seria importante para mim. Foi por causa dele que eu continuei fazendo programas na TV Cultura e recebi muitas outras propostas de trabalho, não só em televisão.

E: Esse programa também ganhou muitos prêmios.

FDS: Todos os que o *Cata-vento* tinha ganhado e mais a medalha de ouro de melhor programa infantil no Festival de Cinema e TV de Nova York, que é um prêmio importantíssimo.

E: O *Castelo* também ganhou esse prêmio.

FDS: Ganhou, mas foi medalha de prata.

Revistinha

Entrevistador: Que programa era esse, do título do capítulo?

Flavio de Souza: De variedades culturais para jovens em geral.

E: O que você fez nele?

FDS: Quadros de humor educativos – ou educativos com humor.

E: Você não tinha que seguir nenhum currículo?

FDS: Não. Foi gostoso ter mais liberdade. Eu podia criar coisas menos infantis também.

E: O que, por exemplo?

FDS: Eu criei uma série de videoclipes com música popular brasileira antiga. Era como se fosse um videoclipe da MTV, mas com música antiga.

Como um arqueólogo explorador aventureiro em uma série do programa *Revistinha*.

Alô, alô, planeta Terra chamando...

Entrevistador: Como foi criado o seriado *Mundo da Lua*?

Flavio de Souza: Eu o criei por causa de uma encomenda da diretora de programação da TV Cultura, a Beth Carmona. Mas eu criei tudo com base nessa encomenda: "Um seriado com uma família". Isso porque ela colocou no ar o velho seriado *Papai sabe tudo* e deu certo.

E: Você escreveu todos os episódios?

FDS: Não. Dos 52 episódios, eu escrevi 25 ou 26 – é duro ter a memória só quase boa.

E: Como funcionou a criação dos roteiros na TV Cultura?

FDS: Depois de tudo criado e aprovado, a gente ia escrevendo enquanto a equipe pedagógica fazia uma leitura crítica. Eventualmente, eram feitas mudanças – em alguns programas o diretor também pedia mudanças. Muito raramente um roteiro não era aprovado. O mais frequente é que seja feita uma escaleta, que é uma lista com todas as cenas e uma descrição sucinta, para que eventuais mudanças sejam feitas antes de o roteiro ser escrito.

E: Qual era o ponto de partida para criar as histórias?

FDS: Muitas coisas, começando pela orientação pedagógica e depois "viajando". Não dá para explicar o ato da criação; ele simplesmente acontece.

E: Você usou histórias reais também?

FDS: Sim, e bastante. Meu filho mais velho, o Leonardo – que fez

Luciano Amaral, Antonio Fagundes, Mira Haar, Gianfrancesco Guarnieri e Flavio (de costas), em *Mundo da Lua*.

Flavio como o tio Dudu no seriado *Mundo da Lua*.

o papel de primo, filho da irmã rica do pai –, tinha a mesma idade do Lucas Silva e Silva. Muitas coisas que acontecem com o Lucas no seriado são pedaços ou colagens de coisas que aconteceram com o Leonardo, ou variações. Mas a maioria foi inventada com base em pessoas que eu conhecia, de livros e filmes que eu tinha lido e visto, tudo misturado com bastante ficção.

Rogério Silva e seu irmão, o tio Dudu.

E: Você escreveu especialmente para algum ator?

FDS: Em alguns casos, sim. Mas aconteceu de eu pensar num ator e ele não ser chamado pela produção.

E: Você foi um desses atores?

FDS: É, eu fui convidado pelo então diretor-geral do seriado, Marcos Weinstok, para fazer o papel do tio Dudu, o tio do Lucas Silva e Silva (Luciano Amaral) que era irmão do pai – o fabuloso Antônio Fagundes, que por coincidência estava fazendo na mesma época o protagonista da telenovela *O dono do mundo*, na TV Globo. O tio Dudu era filho de Orlando Silva – o maravilhoso Gianfrancesco Guarnieri – e irmão da tia Roberta – a simpaticíssima e ótima atriz Lucinha Lins. Como o seriado praticamente não parou de ser reexibido desde a estreia, eu descobri o que é ser reconhecido por fãs ardorosos em locais públicos.

E: Como é que esses atores contratados pela TV Globo puderam participar desse programa?

FDS: Até esse programa estrear e fazer muito sucesso, atores de outras emissoras podiam trabalhar na TV Cultura, porque é uma emissora educativa, sem fins lucrativos etc. Mas a partir desse seriado isso acabou.

Antes da grande atração

Entrevistador: Depois de *Mundo da Lua* e antes do *Castelo Rá-Tim-Bum*, você fez o que na TV?

Flavio de Souza: Os textos de um programa de música popular brasileira da TV Manchete, dirigido por José Amâncio, chamado *Agita Brasil*.

E: Os textos eram para o apresentador do programa?

FDS: Apresentadora. Era a atriz e cantora Tânia Alves.

E: Foi interessante fazer, pela primeira vez, alguma coisa de televisão fora da TV Cultura?

FDS: Foi. O programa era muito bacana, todo tipo de cantores e compositores se apresentavam lá enquanto o espaço para MPB e música em geral estava diminuindo cada vez mais na televisão como um todo.

E: O que mais você tem a dizer sobre o *Agita Brasil*?

FDS: Ele ganhou o prêmio APCA de melhor programa musical daquele ano.

E: Parabéns!

FDS: Obrigado. Mas o roteiro é só o ponto de partida de um programa de TV; o que acontece depois, até ele ser exibido, faz MUITA diferença...

Bum bum bum!

Entrevistador: *Castelo Rá-Tim-Bum*, feito na década de 1990, continua sendo exibido e com bastante sucesso. Ele chegou a ficar em segundo lugar na audiência, inclusive no horário nobre. Vocês imaginavam que ia acontecer tudo isso?

Flavio de Souza: Não, a gente achou que estava fazendo só mais um programa de TV e foi vendo que estava ficando bem especial, mas o sucesso tão grande foi uma surpresa.

E: Como você vê a receptividade que as crianças dão aos seus personagens?

FDS: É muito gratificante quando uma coisa que você cria com

Quase todos os personagens principais do *Castelo Rá-Tim-Bum*.

tanto empenho e escreve com tanto esforço "fala" tanto com o público, e de maneira universal, porque o *Castelo* já teve várias gerações de espectadores, entre crianças de 2 e 7 anos. É muito forte, eles viram fãs.

E: Quantas pessoas participaram da feitura dessa série?

FDS: Foi uma verdadeira multidão trabalhando, o que não é fácil. Mas a maioria das pessoas era muito talentosa, o que facilita tudo.

E: Por que não são feitos outros programas infantis como esse?

FDS: É um programa muito caro, que as emissoras de TV geralmente não têm condições de fazer ou então não há interesse, porque o público infantil pode ser "comprado" com desenhos animados que às vezes são bem desanimados.

E: Você acha que teve algum motivo para o *Castelo* ter feito tanto sucesso?

FDS: A qualidade. A gente levou vários meses criando, foi mais de um ano de produção antes de o programa estrear, um tempo que não existe nas emissoras comerciais, mesmo nos programas normais das emissoras de TV educativas. Além disso, juntaram-se várias pessoas talentosas.

E: E por que ele continua fazendo sucesso, mesmo depois de mais de quinze anos?

FDS: Os temas são universais, tem muita comédia, tudo é muito bonito, os atores são ótimos etc.

E: Você fez o papel de um dos gêmeos da dupla Tíbio e Perônio. Como foi fazer um personagem criado por você mesmo?

FDS: Ao contrário do que possa parecer, não é mais fácil decorar um tex-

Henrique Stroeter, o Perônio, e Flavio, o Tíbio.

to que foi você quem escreveu. O bom é que eu podia propor mudanças na hora das gravações, o que quase nunca acontece com os atores.

E: Por que não foram produzidos mais episódios?

FDS: Excelente pergunta. E a resposta é: "Não sei". Acho que foram vários problemas políticos. E falta de verba, já que cada episódio dos três programas era bem caro.

E: Você é o Tíbio ou o Perônio?

FDS: Não sei quantas vezes eu respondi a essa pergunta, desde 1994, quando estreou o programa!

E: Será que você pode responder mais uma vez?

FDS: Eu sou o Tíbio. Meu amigo Henrique Stroeter, que é chamado pelos amigos de Napão, é o Perônio. Quatro anos depois, nós participamos da segunda peça do *Castelo Rá-Tim-Bum* e a dupla de cientistas-gêmeos – e gênios – ficou mais simpática e mais engraçada, porque a gente se conhecia melhor e conhecia melhor os personagens. E nos divertimos muito mais no palco do que no estúdio da TV Cultura, onde nosso quadro do *Castelo* era gravado.

E: E foi gostoso gravar esse quadro?

FDS: Foi e não foi. A parte de fazer o personagem, as coisas de gêmeos, foi uma delícia. Mas a roupa era muito quente e a luz do estúdio era pelando. As nossas mãos ficavam molhadas de suor dentro das luvas de borracha. A roupa deles consistia em uma camisa, uma gravata, as luvas, um guarda-pó, um avental, uma calça, uma meia grossa que ia até os joelhos e os sapatos, que, além de pesados, tinham as solas bem altas que ficavam mais finas no meio do pé, o que fazia a gente escorregar e entortar bastante os pés. Ah, e tinha a barba que era de cabelos humanos cortadinhos e colados na cara da gente, com uma cola difícil de ser retirada. Ah, e tinha o capuz de couro sintético, que fazia a gente ficar quase que completamente surdo. Ah, e tinha a maquiagem beeeeem pesada. É, foi cansativo, bem desconfortável e até doloroso, mas, sem dúvida nenhuma, valeu o sacrifício.

E: Alguns anos depois você escreveu uma peça com os personagens do *Castelo*, e depois uma outra, em que o Tíbio e o Perônio participaram. Você também escreveu uma letra de música especial para eles se apresentarem. Vamos pôr essa letra aqui?

FDS: Ótima ideia, vamos sim.

TÍBIO E PERÔNIO – Onde quer que eu vá, ele sempre está
Nós nos conhecemos na barriga
da mamãe
E antes de nascer já começamos
a brincar
De esconde-esconde, pula-cela,
piques e dançar

Eu diria mais, eu diria sim

É legal alguém ser igualzinho a mim
Como se o espelho pudesse falar
Bom dia, irmão, olá, olá!

Eu até cansei, de tanto responder

TÍBIO – Que eu sou o Tíbio
PERÔNIO – E eu o Perônio
TÍBIO E PERÔNIO – Mas ninguém tem culpa, né, de a gente
ser assim
Um par de vasos, semelhantes
tim-tim por tim-tim

Eu diria mais, eu diria sim
Pro Tíbio e Perônio em concerto começar
Os gêmeos cientistas vêm se apresentar
Muito prazer, olá, olá
Muito prazer, olá, olá!

A menina de ouro

Entrevistador: *Mariana, a menina de ouro* foi a única telenovela que você escreveu?

Flavio de Souza: Foi. Mas eu só cheguei até o capítulo 45, mais ou menos.

E: E por que ela não foi gravada?

FDS: Não sei.

E: Não?

FDS: Eu acho que sei, mas nunca descobri a verdadeira razão ou as razões.

E: O que você acha que aconteceu?

FDS: Quando o Luciano Calegari me chamou, foi por causa do sucesso do *Mundo da Lua*. Acho que foi mais para me tirar da TV Cultura.

E: Você percebeu isso de cara?

FDS: Não, só dois meses depois de ter assinado o contrato. Mas eu estava gostando de escrever para um canal aberto, para variar.

E: Como foi a encomenda?

FDS: Era um seriado como o *Mundo da Lua*, para ir ao ar às 17 ou 18 horas...

E: Mas tinha alguma garantia?

FDS: Não. Na primeira conversa o Luciano deixou claro que quem decidia tudo era o Sílvio Santos – e que tudo podia acontecer.

E: Como foi que o seriado virou uma novela?

FDS: Alguém mudou de ideia...

E: Quem? O Sílvio?

FDS: Não sei. Talvez o próprio Luciano. O seriado passou a ser uma novela para ir ao ar às 18 horas. Depois passou para as 19 horas e depois para as 20 horas, quer dizer, para concorrer com o novelão da Globo.

E: E essa é a principal razão de eles terem mudado de ideia.

FDS: Acho que sim. A novela era menos juvenil que o seriado, mas não era "adulta" o suficiente para ser novela das oito...

E: Você chegou a criar toda a história?

FDS: Em termos gerais, sim. Eu tinha planejado todos os cento e poucos capítulos, mas nos quarenta que foram escritos, eu já fui mudando bastante coisa.

E: Você imagina mais alguma razão para *Mariana, a menina de ouro* ter sido substituída por *Éramos seis*?

FDS: Eu não estava lá para lutar pela *Mariana*. Eu estava ensaiando uma peça, *Palmas para o Senhor Diretor*, dirigida pela Marília Pêra. Eu fazia um dos principais papéis, o Pierre Curie, um cientista que existiu e era casado com a Marie Curie, que ganhou duas vezes o prêmio Nobel.

E: E isso atrapalhou o processo da novela?

FDS: Sim. Eu não deixei de escrever, e nem estava atrasado, mas eu não podia ir toda hora para a Vila Guilherme – onde ficava o SBT –, e fiquei sabendo da substituição pelo telefone!

E: Foi frustrante, imagino!

FDS: Bastante. Mas, como sempre, eu aprendi bastante também.

Com Marisa Orth, formando o casal Pierre e Marie Curie.

Lá vem história

Entrevistador: Você escreveu a primeira temporada de *Lá vem história*?

Flavio de Souza: As três primeiras.

E: Que programa era esse?

FDS: Acho que ainda é e continua sendo reprisado, com os outros da programação infantil da TV Cultura.

E: Que programa era esse?

FDS: No canal a cabo com certeza passa.

E: Que programa era esse?

FDS: É um dos quadros que eu criei para o *Rá-Tim-Bum*, feito separado, em pequenas "temporadas".

E: Dá para explicar melhor?

FDS: Esse quadro era feito por uma atriz, que contava histórias usando objetos sobre uma mesa. Por exemplo, ela contava uma história sobre três irmãos usando apenas chapéus. E essas novas temporadas eram uma série de contos de fada contados com coisas de cozinha e comidas; a atriz – a excelente Eliana Fonseca, que eu e os outros amigos chamamos de Lili – ficava vestida de cozinheira. Uma outra era de histórias da mitologia grega, contadas por um ator vestido de executivo de empresa, e ele contava usando objetos de escritório, como grampeador, canetas, lápis, apontadores etc.

E: E depois fizeram outras "temporadas", com outro roteirista?

FDS: Isso. Acho que são muito boas também. Puxa, como eu sou modesto, hein?

Sai de baixo

Entrevistador: *Castelo Rá-Tim-Bum* foi um grande sucesso. Mas nada comparável ao *Sai de baixo*.

Flavio de Souza: Nada mesmo. Foi um enorme sucesso no horário nobre da TV Globo. Mas durou seis anos – eu participei só dos dois primeiros – e tem um DVD com cinco episódios, enquanto o *Castelo Rá-Tim-Bum* está no ar desde sua estreia, em 1994, sempre, em pelo menos um horário, na TV aberta e em vários horários no canal a cabo da TV Cultura.

E: Mas *Sai de baixo* aumentou a audiência da TV Globo no horário em que era exibido, domingo à noite.

FDS: É, muita gente que não assistia à TV nesse horário passou a assistir.

E: Você imaginava que estava participando de um sucesso tão grande antes de ele estrear?

FDS: Não. Ninguém imaginava, nem o diretor-geral, o Daniel Filho. Mas foi exatamente esse sucesso que foi tornando a participação no *Sai de baixo* um inferno.

E: Como assim?

FDS: Quanto maior o sucesso, maior é a pressão em cima de todos os envolvidos, para manter a audiência lá em cima.

E: O programa tinha algum segredo ou ingrediente especial para ter se tornado tão bem-sucedido?

Na época do programa *Sai de baixo*.

FDS: O fato de ser gravado no teatro com público ao vivo fazia a comédia ficar mais quente do que fica quando é gravada em um estúdio, onde ninguém ri de nada, as risadas é que são gravadas e colocadas depois na edição. Além disso, teve a mistura de talentos do elenco. A produção, que era impecável e suntuosa. O cenário, os figurinos, os adereços, tudo era caro e "chique", e isso não é comum em programas de humor na TV, em que geralmente tudo é mais escrachado e bem mais despojado.

E: Mais alguma coisa?

FDS: Cada episódio era gravado inteiro, como uma peça de teatro, e duas vezes. Na edição era escolhida a melhor versão, mas algumas coisas que tinham funcionado melhor na outra eram enxertadas. As imagens eram captadas por sete câmeras. Enfim, era uma superprodução. Acho que essa produção vistosa, junto com o humor bem irreverente e o fato de ter a participação do público, ajudou a tornar o programa um sucesso. Mas alguma coisa a mais acontecia e eu não sei o que era. E ninguém sabe, porque um sucesso desses não acontece todo ano, só algumas vezes em cada década.

E: Algo mais?

FDS: Ah, os roteiros eram bem escritos...

E: Você sabe por que foi escolhido para escrever esse programa?

FDS: Porque eu já tinha escrito programas de TV e peças de teatro, e o *Sai de baixo* era uma mistura dessas duas coisas.

E: Depois você se tornou redator final também. Aliás, o que o redator final faz?

FDS: A versão final do roteiro.

E: Dá para explicar um pouco melhor?

FDS: O redator final planeja as sinopses dos episódios, aí os roteiristas escrevem os roteiros. O redator final corta, muda, troca coisas de lugar, põe coisas a mais e depois se responsabiliza. Minha vida era bem mais sossegada quando eu era só o roteirista do programa.

E: Por quê?

FDS: Porque o máximo que poderia acontecer de ruim era levar uma bronca do redator final. Alguns roteiristas eram pressionados pelo produtor executivo, porque atrasavam a entrega dos roteiros. Eu não levei esse tipo de bronca, porque escrevia rápido.

E: Você não estava acostumado a escrever com prazos curtos.

FDS: Não tão curtos, mas tudo o que eu escrevi para televisão tinha prazo. Na TV Cultura não tinha pressão e tanta responsabilidade, não tinha o estresse por causa da audiência.

E: E você foi escolhido para ser redator final por quê...?

FDS: Porque preparar um episódio daqueles, cheio de piadas, não era brincadeira. Os roteiros começaram a ser entregues meio em cima da hora. Então, o Daniel Filho achou melhor ter uma segunda linha de produção, em São Paulo. Acho que eu inventava boas histórias para os episódios que eu escrevia, porque eu vivia inventando histórias para peças de teatro. E aí eu ganhei o cargo, um aumento de salário, muita responsabilidade e bastante dor de cabeça.

E: Foi nessa época que você começou a ter dores de cabeça constantes?

FDS: Foi. Eu já tinha dor de cabeça antes, como todo mundo. Não tão frequentes. Mas eu acho que não foi a responsabilidade que me deu tanta dor de cabeça, foi o fato de ter que espremer o cérebro para ter ideias e escrever muito em pouco tempo. É meio natural que um escritor tenha dor de cabeça.

E: Como assim?

FDS: Jogador de futebol tem dor no joelho. Jogador de vôlei tem dor no ombro. E escritor tem dor de cabeça.

Gran Circo Marimbondo

Entrevistador: Depois da "baixaria familiar" do *Sai de baixo*, foi um alívio fazer um programa "responsável", como o *Gran Circo Marimbondo*?

Flavio de Souza: Foi, mas o que me fez aceitar a proposta do Celso Tavares para ir para a TV Bandeirantes para escrever um seriado infantojuvenil foi a oportunidade de começar um programa do zero. Eu pude inventar todos os personagens, as situações, os enredos...

E: E sem ser explicitamente pedagógico.

FDS: Sim, não tem nada politicamente incorreto no *Gran Circo Marimbondo*, mas eu não tinha nenhum currículo para seguir. Era só um seriado de aventura e comédia.

E: Foi frustrante o fato de ele não ter sido produzido?

FDS: Muito. Eu e mais quatro roteiristas escrevemos 120 capítulos. Eu mesmo escrevi mais de cinquenta e, modéstia à parte, esse seriado é muito bom. Eu gostaria de colocar aqui uma cena de um dos episódios. Para o leitor não ficar "boiando", eu vou colocar uma lista dos personagens, que geralmente vai na capa de cada episódio ou capítulo de programa de ficção de televisão. Nesse caso, eu vou pôr só os personagens que participam desta cena.

Gran Circo Marimbondo
EPISÓDIO 5 – QUE SERÁ?

PERSONAGENS:
DINHO – Personagem principal, menino de 9 anos.
BAMBA – Mãe de Dinho, palhaça.
BUMBO – Pai de Dinho, palhaço.
BOMBOM – Irmã mais velha de Dinho, palhaça.
BIRIBA – Nenê, irmã mais nova de Dinho, palhaça.
BOMBA – Avó de Dinho, mãe da mãe, palhaça.
BAMBO – Bisavô de Dinho, pai de Bomba, palhaço.

BLOCO 1
Letreiro: "O QUE SERÁ?"
LOCUTOR – (*em off*) Episódio de hoje... "O que será?"

CENA 1 – EXT / DIA – ACAMPAMENTO
Visão panorâmica do acampamento. É de manhã. Câmera se aproxima do trailer *da família Maraca.*

CENA 2 – INT / DIA – *TRAILER* DA FAMÍLIA MARACA
Dinho desce de seu sótão com cara de sono.
DINHO – (*para a câmera, bocejando*) Oi. Bom dia!... (*boceja*) Hoje é um dia qualquer, tá?... Como qualquer outro aqui no circo, tá?... A minha mãe está dando papinha para a Biriba...

Bamba dá mingau para Biriba, cantarolando, com a mão esquerda escondida de Biriba e da câmera.

BAMBA – A Biriba vai comer tudo! A Biriba vai ficar grande! A Biriba vai ficar forte! A Biriba vai crescer muito! Ai, que medo da Biriba!

BIRIBA – Bibi nhac nhac mamá!

Biriba tenta morder Bamba, Bamba desvia três vezes

BAMBA – (*cantarolando*) Não morda a mamãe! Não... Não! NÃO!

Biriba ri, Bamba faz cara de boazinha enquanto fala

BAMBA – Se a Biriba tentar morder mais uma vez a mamãe, a araponga vai morder a Biriba!

Biriba tenta morder, Bamba mostra a outra mão, onde tem uma marionete que é uma araponga com cara terrível, dando susto na Biriba e no público

BAMBA – (*gritando*) Olha a araponga que morde os nenês!

Biriba grita, mas logo dá risada, Bamba ri junto

DINHO – (*para a câmera*) Tsc, tsc, tsc... palhaços! Mas como eu estava dizendo, hoje é um dia bem normal... em que todo mundo está fazendo o que faz sempre, tá?

Bomba vem da cozinha com prato com mingau e coloca na frente de Bumbo, que está lendo jornal

BOMBA – Olha, olha que mingau mais perfumado que eu preparei para o meu genro, olha!

Bumbo se inclina sobre o prato para sentir o aroma, Bomba aciona uma bombinha que está acoplada em um caninho com uma "alavanca" que está dentro do mingau, fazendo o mingau voar sobre a cara de Bumbo. Ele parece que fica bravo, mas gargalha, tirando o mingau da cara e experimentando

BAMBO – O mingau está delicioso, apesar de o perfume ser um pouco forte demais e o tempero ser meio... EXPLOSIVO!

DINHO – (*para a câmera*) Tsc, tsc, tsc...

Bumbo, Bomba, Bamba e Biriba dão gargalhadas. Bumbo vem de seu canto alucinado

BAMBO – Alguém precisa alimentar o velho palhaço, que quando ele está de barriga vazia ele fica bravo, viu? (*batendo com a bengala na mesa*) Brabo! O Babo tá brabo! O Babo Bambo tá brabo!

Ele bate com força, fazendo tudo que está na mesa pular. Todos, menos Dinho, riem. Bombom entra da rua, trazendo um pão bem comprido, tipo bengala

BOMBOM – Para com isso, Babinho! Esta sua bengala não serve para ser servida na mesa... (*mostrando o pão*) Mas ESTA serve!

Bambo pega o pão e faz mímica de usar para andar como se fosse sua bengala de madeira. Todos riem, e Bumbo bate na mesa fazendo as coisas pularem

DINHO – (*de mau humor*) Vocês entenderam a piada? O nome deste pão comprido é bengala... (*de cara feia*) Há, há, há! (*balança a cabeça e fala à câmera*) Tsc, tsc, tsc... palhaços!

Dinho senta-se à mesa e começa a comer, como se estivesse sozinho. Os outros ainda riem.

BAMBO – (*para Dinho*) Mas que moleque malcriado! Ninguém lhe ensinou a dizer bom-dia, não?

DINHO – Vocês todos já estão tendo um ótimo dia, Babo!

BAMBO – Estamos mesmo, viu? Pena que você finja que não é o que você sempre foi, é e sempre vai ser!

DINHO – (*para Bambo*) Eu NÃO sou palhaço!

BAMBO – E o que você é, então?

DINHO – Um menino, quer dizer, um jovem!

BOMBA – Ele é o meu netinho preferido! (*tentando pegar algo no bolso*) O nenezão da vovó!

> BOMBA – Cadê aquele bombom que eu tinha aqui?
> BUMBO – (*abraçando Bombom*) Não serve este? (*indicando Bombom*) Hein? Não serve esta Bombom? Hein? Que bombonzão bonito e esbelto! Não serve a Bombom?
> *Todos se matam de rir. Dinho olha para o alto e fala à câmera, sem som*
> DINHO – (*sem som*) Palhaços! (*para Bomba, normal*) Vó, você pediu pra eu te lembrar de não esquecer que hoje é um dia especial!
> BOMBA – Hoje é um dia especial por quê, hein? Deixa eu olhar na minha folhinha... (*tira do bolso uma folha de árvore*) Ih, nesta folhinha não tem dia especial, não!
> *Todos, menos Dinho, se matam de rir.*
> DINHO – É sério, vó! Hoje o carteiro vai trazer sua entrega especial.
> BUMBO – (*mostrando sua carteira*) Não serve uma carteira?
> *Todos se matam de rir, Dinho bufa. Bomba sai apressada do* trailer, *falando*
> BOMBA – É mesmo! É mesmo! Minha entrega especial!
> BAMBA – Que entrega é essa, Dinho?
> DINHO – Não sei, mãe. Ela só me disse que era uma surpresa bombástica!
> TODOS, MENOS BOMBA – (*preocupados*) Bombástica?

E: O que mais foi bom nesse programa?
FDS: Eu conheci o dono.
E: Dono do quê?
FDS: Da TV Bandeirantes. No dia em que eu assinei o contrato, ele veio me cumprimentar. O Johnny Saad é muito acessível e gente boa.
E: Você nunca foi apresentado para os donos da TV Globo?

FDS: Eu nunca vi nenhum deles ao vivo – aliás, acho que nem em foto.

E: E o Sílvio Santos?

FDS: Eu tive uma reunião particular com ele, de uns vinte minutos. Foi uma experiência incrível. Ele é totalmente carismático e simpático.

Perdido na ilha

Entrevistador: Para falar do programa *Ilha Rá-Tim-Bum* acho que seria interessante colocar uma entrevista sua antes de ele estrear e depois a gente conversa a respeito.

Flavio de Souza: Tudo bem.

Entrevista para uma revista em 2002, na época do lançamento do programa

Entrevistador: Qual foi o ponto de partida para a criação do seriado *Ilha Rá-Tim-Bum*?

Flavio de Souza: Faz muito tempo que um novo programa da linha *Rá-Tim-Bum* está sendo planejado. Pensaram em séries que se passavam numa fazenda e num outro planeta. Depois fizeram uma pesquisa com crianças e a maioria preferiu uma ilha. Quando me chamaram para fazer esse programa, isso já tinha sido decidido: jovens chegam a uma ilha e vivem aventuras que têm a ver com mensagens ecológicas.

E: Como você criou os nomes dos heróis?

FDS: Dos heróis, eu inventei primeiro os apelidos: Gigante (que tem 16 anos), Rouxinol (14 anos), Majestade (12 anos), Raio (10 anos) e Micróbio (7 anos). Porque o Gigante é o maior, mais forte e corajoso, a Rouxinol

Capa do DVD. Em destaque, o vilão Nefasto e a heroína Majestade.

é uma supercantora, a Majestade é mandona, o Raio corre rápido como um... raio e o Micróbio é pequeno.

Depois eu pensei em nomes que tivessem o começo com o mesmo som do apelido: Gigante-Gilberto, Rouxinol-Rosana, Majestade-Maíra, Raio-Ramiro, Micróbio-Miltinho. Só depois é que eu inventei os sobrenomes: Gilberto Soares, Rosana Pereira da Silva, Maíra Rocha, Ramiro Serrano e Milton Pereira da Silva (ele é irmão da Rouxinol).

E: E o nome do vilão?

FDS: Nefasto veio de uma peça que eu comecei a escrever faz muito tempo e não acabei, e vem daquela música do Gilberto Gil que diz: "Tu, pessoa nefasta...".

E: E o nome dos outros personagens?

FDS: A Hipácia veio da personagem que existiu.

O nome do Solek é um apelido originado do nome que os heróis inventaram para ele, Solstício Equinócio, que são duas palavras que têm a ver com o jeitão que a Terra está em relação ao Sol no meio do outono e da primavera. E, como vocês vão descobrir, o Solek tem, como a maioria dos povos primitivos, uma ligação com o Sol bem diferente da que a gente tem.

O nome dos outros dois vilões, Zabumba e Polca, foram escolhidos pelo som.

Arielibã, o nome do feiticeiro que morou na ilha e fez com que ela ficasse do jeito que ficou, vem de uma peça do grande escritor William Shakespeare que se chama *A tempestade*, em que tudo acontece numa ilha mágica. Essa ilha é dominada por um feiticeiro chamado Próspero, que tem a seu serviço dois seres mágicos: um do bem, chamado Ariel, e outro do mal, chamado Calibã. A mistura desses dois nomes deu... Arielibã.

Suzana é um nome bom para uma cobra. Mas esse nome foi inventado pela Rouxinol, a garota que fica mais amiga da Suzana, porque o nome mesmo da cobra falante é Macalóvichinchon Cóccialunfarzólinúcia Pomerômedorninefóxiantex. Alguém com um nome assim tem bastante chance de ganhar um apelido...

E a família formada por Coiso, Coisa e Coisinho tem esses nomes porque eles usam "coisa" como verbo, substantivo, adjetivo etc. Olha só um exemplo de uma conversa entre eles:

COISA – Coisinho! Está na hora de coisar! O que você está coisando aí no nosso coiso de coisas?
COISINHO – Que coisa é esse coiso, papaizinho?
COISO – Ora! Esse coiso é uma coisa de coisar... coisando!

E: Como é a história básica da *Ilha Rá-Tim-Bum*?
FDS: Cinco jovens, entre 7 e 16 anos, que estavam indo para uma ilha que ficava bem pertinho da costa, chegaram atrasados para pegar a balsa que os levaria para essa ilha, onde ia acontecer um encontro de corais musicais. Eles entraram na lancha do tio de um deles, mas uma neblina e uma tempestade os levam para o alto-mar e no dia seguinte eles chegam à ilha *Rá-Tim-Bum*, onde vão viver, durante alguns meses, muitas aventuras!

E: Qual é a faixa de idade do público-alvo desta série?
FDS: Principalmente para as pessoas da idade dos heróis, 7 a 16 anos. Mas acho que vai ser interessante para pessoas de todas as idades.

E: E você acha que a série vai agradar esse público?

Rouxinol, Raio, Majestade, Micróbio e Gigante.

Visitando as gravações do *Ilha*, com seu filho Theodoro, à esquerda, e o ator Rafael Chagas, que fez o personagem Micróbio.

FDS: Eu acho que sim, porque existem poucos programas para pessoas entre 7 e 16 anos na televisão. Nos canais abertos, é claro, porque nos canais a cabo tem bastante, só que a grande maioria das pessoas não tem acesso à TV a cabo no Brasil.

Além de ser uma raridade, o *Ilha* é um seriado muito animado, com cenas curtas, o que dá bastante ritmo, com muitas situações engraçadas e histórias cada vez mais emocionantes. Em todos os episódios pelo menos um dos heróis se vê numa situação de perigo e precisa ser salvo. Acho que o público vai rir, torcer, ficar intrigado com os mistérios.

E: Seus filhos dão opiniões sobre os programas que você cria e escreve?

FDS: Eles ficam sabendo um pouco do que eu estou aprontando, mas geralmente veem pronto, como telespectadores. Mas muitas vezes eu me baseio em acontecimentos da vida deles, pensamentos e ideias deles para construir alguns dos personagens de livros e programas de televisão. Além disso, o mais velho participou como ator no seriado *Mundo da Lua*, ele era o Diego de Los Angeles, primo do Lucas Silva e Silva. E o Theodoro fez papel dele mesmo, porque minha mulher, que fez o papel da Carolina Silva e Silva, estava grávida de verdade nas gravações do programa, e o nenê que nasce no final da série é ele, que acaba se chamando Eduardo Silva e Silva (e esse é um dos motivos de ele se chamar Theodoro Eduardo na vida real).

> Só para completar: eu fiz o papel de um tio do Lucas, o tio Dudu (que era irmão do pai do Lucas). A família toda participou desse seriado!
>
> **E:** O fato de você ter escrito e participado da criação do *Rá-Tim-Bum* e do *Castelo*, além de escrever as peças de teatro do *Castelo*, fez e faz diferença na criação do *Ilha*?
>
> **FDS:** O *Ilha* é, com certeza, resultado de uma evolução. Como tudo que se faz na vida, quanto mais a gente escreve, melhor a gente escreve, né?

E: E então, o que você tem a dizer desse seriado depois que ele ficou pronto?

FDS: Eu continuo gostando da história, dos roteiros, dos personagens. E eu achei os cenários maravilhosos.

E: Só?

FDS: É, eu escrevi um seriado de aventura, que precisava ter ritmo... de aventura. Só que nas gravações os atores falam bem devagar, andam devagar, fazem tudo devagar. Por causa disso, acabou não cabendo a história inteira de cada episódio, eles tiveram que cortar, e para mim vários episódios ficaram incompletos.

E: Mas essa série tem muitos fãs.

FDS: Tem, e a minha visão é muito particular, eu fiquei mais de um ano só pensando nisso, planejando, inventando, reinventando, escrevendo, reescrevendo, discutindo, brigando, lutando. A minha expectativa era enorme, e o resultado tinha que ser extraordinário para eu não me frustrar.

E: O público em geral não tinha muita expectativa.

FDS: Esse foi o problema principal desse seriado. Como tinha *Rá-Tim-Bum* no nome, as

Theodoro, que é chamado por algumas pessoas de Theo e pela maioria de seus amigos de Soneka.

pessoas ficaram achando que era um programa como o próprio *Rá-Tim-Bum* e o *Castelo*. E não era, porque ele foi criado para pré-adolescentes e não para o público de pré-escola dos dois outros programas. Mas o visual todo era para o público de pré-escola e as histórias eram para pré-adolescentes.

E: Ele acabou não sendo para ninguém.

FDS: Pois é. O visual era infantil demais para os pré-adolescentes, e as histórias eram muito complexas e pesadas para os de pré-escola.

E: Mas e os fãs que o seriado tem hoje em dia?

FDS: São pessoas que estão assistindo às reprises, pessoas que não têm expectativa nenhuma.

O Mago Magoo e a Fada Maga

Entrevistador: Você começou a escrever para a Xuxa num filme.

Flavio de Souza: Foi, *Xuxa em Abracadabra*.

E: E aí?

FDS: O Roberto Talma, que era o diretor do programa de TV dela, me chamou para escrever o roteiro do especial de Natal daquele ano, 2003. Ele e a Xuxa acharam que seria legal.

E: E foi?

FDS: Bastante. Foi meio louco porque eu fiz uma sinopse tão completa que o Talma gravou a sinopse; eu nem cheguei a escrever um roteiro. Algumas cenas estavam sem diálogo, mas o Talma fez a Xuxa e as crianças improvisarem.

E: E os outros atores?

FDS: Os diálogos das cenas deles já estavam na sinopse. E depois o Talma encomendou um texto final para a Xuxa falar ela mesma, direto para a câmera.

E: Vamos pôr esse texto aqui?

FDS: Vamos.

Cartaz de lançamento do filme *Xuxa em Abracadabra*.

Mensagem final para o especial de Natal da Xuxa

Desde a primeira vez que um astronauta foi lá para o céu, ele viu que a Terra não tem fronteiras e é uma grande e linda bola azul.

Não existem aquelas linhas pontilhadas entre os países que a gente vê nos mapas, isso é invenção dos homens e pura ilusão.

Os pássaros voam de um país para outro sem mostrar passaporte.

E nosso lar não é nossa casa, o bairro, a cidade, o país.

Nosso lar é o planeta Terra, onde moram seis bilhões de irmãos.

Todas as pessoas são mesmo iguais, sem exceção. Mesmo aqueles que, para alguns, parecem ser inimigos.

Quem não fica com o nariz tapado quando pega resfriado?

Com dor de barriga quando come bolo quente?

E não chora quando está com saudade? Com muito medo? Ou com muita fome?

Todas as crianças têm o direito de respirar, comer, aprender, ser feliz. Todas as crianças, de todas as idades.

Todo mundo, do mundo todo, devia fazer tudo o que está ao seu alcance para que isso acontecesse.

Você, baixinho, não fique triste se o Papai Noel não atender todos os seus pedidos, ou quase nenhum. Não é por mal, ele faz o que pode.

Continue sonhando, querendo, inventando, planejando, idealizando, que um dia você mesmo vai realizar todos os seus desejos.

O meu desejo é que cada um de vocês seja muito feliz nesta noite especial, em que é comemorado o aniversário de uma pessoa superespecial. E amanhã, depois de amanhã, e depois e depois.

> Que 2004 seja iluminado e a esperança de que tudo pode melhorar brilhe forte dentro de você, como uma estrela guia os navegantes até seu destino.

E: E aí?

FDS: Foi ao ver a Xuxa dizendo esse texto que me deu vontade de continuar escrevendo para ela.

E: Ela falou com convicção?

FDS: Bastante. Ela já tinha pedido para eu escrever umas cenas para o programa diário dela, *Xuxa no mundo da imaginação*.

E: E você acabou entrando para esse programa?

FDS: Tinha tudo a ver, era um programa como o *Rá-Tim-Bum*, só que com a superprodução da Globo.

E: E você entrou para fazer redação final?

FDS: Foi, mas eu escrevia bastante também.

E: E você continuou responsável por todo o texto do programa seguinte dela?

FDS: Sim. Eu chefiei a equipe de roteiristas do *TV Xuxa* nos três anos seguintes.

E: E por que você saiu?

FDS: Em 2008 o *TV Xuxa* foi transformado em um programa de auditório, que não é mesmo a minha praia.

E: E o *TV Xuxa* anterior?

FDS: No primeiro ano, com direção-geral do Fabrício Mamberti, no núcleo do Jorge Fernando, ainda tinha bastante ficção. Mas já tinha texto de apresentação, que eu tive que aprender a escrever.

E: Por quê?

FDS: Porque a gente tinha que dar informação em uma linguagem muito, muito, muito simples.

E: O simples não é fácil?

FDS: O simples é dificílimo. Escrever complicado é que é fácil. Para você ser claro, de fácil entendimento, é uma batalha.

E: E quem são Mago Magoo e Fada Maga?

FDS: O Mago sou eu. A Xuxa começou a me chamar de Mago. Era um grande elogio, ela achava que eu fazia mágica, que eu escrevia exatamente como ela queria.

E: E o Magoo?

FDS: É aquele personagem de desenho animado que não enxerga direito e faz um monte de trapalhadas. Eu inventei essa variação do apelido quando fiz uma baita trapalhada.

Fada Maga e Mago Magoo em Veneza!

E: Isso era frequente?

FDS: Imagine o que é escrever texto para um programa diário da primeira semana de abril até a última de dezembro!

E: Você teve bastante chance de errar.

FDS: Tive e errei. Mas acertei muito também.

E: E Fada Maga era como você chamava a Xuxa?

FDS: Esse eu inventei no último ano. Eu chamava mesmo ela de Fada e ela me chamava de Mago.

Peripécias de um roteirista brasileiro

Outro aviso aos navegantes:
Este capítulo foi feito para ser uma história em quadrinhos. Como eu estou contando sobre o lado de dentro de várias atividades artísticas, principalmente do ponto de vista do escritor e roteirista, combinei com os editores que esta seria uma grande HQ mostrada nas costumeiras três fases:
a) A fase do roteiro.
b) A fase do rafe, ou seja, do rascunho do desenho.
c) A fase do desenho pronto.

Uma história em quadrinhos

QUADRINHO 1
Vemos Flavio de Souza em pé, atrás de uma mesa, com uma mulher ao seu lado. Atrás deles há uma tela
MULHER – (BALÃO DE FALA) Quem vai falar aqui hoje é um grande roteirista de televisão e cinema...

QUADRINHO 2
Vemos a mesma cena, mas mais próxima

MULHER – (BALÃO DE FALA) Ele criou e escreveu programas de TV de sucesso como o *Castelo Rá-Tim-Bum* e escreveu roteiros de curtas e longas...

QUADRINHO 3
Vemos a mulher ainda apresentando e Flavio de Souza com sorriso amarelo
MULHER – (BALÃO DE FALA) Ele ganhou os prêmios mais importantes que um roteirista pode ganhar no Brasil: o Kikito e o Calango!
FLAVIO – (BALÃO DE PENSAMENTO) O que eu estou fazendo aqui?

QUADRINHO 4
Flavio de Souza em plano ainda mais fechado, a mulher não está em quadro
FLAVIO – (BALÃO DE PENSAMENTO) Eu sou tímido! Eu não gosto de falar com estranhos! EU sou estranho!

QUADRINHO 5
Mesma cena, mais próxima ainda
FLAVIO – (BALÃO DE PENSAMENTO) Eu não tenho nada de interessante pra falar pra essa gente!

QUADRINHO 6
Plano aberto, vemos a mulher e Flavio
MULHER – (BALÃO DE FALA) No final da palestra ele vai responder perguntas.
FLAVIO – (BALÃO DE PENSAMENTO) Palestra?! Ela disse palestra?! Eu vou fingir que desmaio? Eu vou desmaiar mesmo!

QUADRINHO 7
Vemos a mulher e Flavio com sorriso amarelo
MULHER – (BALÃO DE FALA) Podemos começar?
FLAVIO – (BALÃO DE FALA) Hã? Ah, sim, podemos.

QUADRINHO 8
Vemos Flavio em plano próximo
FLAVIO – (BALÃO DE PENSAMENTO) É melhor confessar!
FLAVIO – (BALÃO DE FALA) Oi, boa tarde. Eu não sei o que estou fazendo aqui!

QUADRINHO 9
Vemos "risos" da plateia, Flavio sorrindo menos amarelo
PLATEIA – Ha ha! / Ha ha ha!
FLAVIO – (BALÃO DE FALA) Eu sou tímido e nunca sei por onde começar. Vamos passar direto para as perguntas?

QUADRINHO 10
Vemos moça da plateia, de mão levantada, fazendo pergunta
MOÇA – (BALÃO DE FALA) Como você começou a escrever roteiros de cinema? Foi na faculdade?

QUADRINHO 11
Vemos Flavio e duas ou três pessoas da plateia
FLAVIO – (BALÃO DE FALA) Não. Eu não cheguei a escrever nada na ECA/USP – a Escola de Comunicações e Artes, porque eu saí de lá depois de três semestres e ainda não tinha chegado nas matérias específicas de cinema.

QUADRINHO 12
Vemos Flavio em plano próximo
FLAVIO – (BALÃO DE FALA) E o primeiro filme que eu escrevi e também dirigi, junto com dois amigos, Flavio Del Carlo e Inácio Zatz, foi no ensino médio.

QUADRINHO 13
Vemos Flavio
FLAVIO – (BALÃO DE FALA) Tinha mais duas pessoas na equipe, a Cristina Sato e a Márcia Fazano, que fizeram toda a produção do filme – porque era nessa parte que elas estavam interessadas.

QUADRINHO 14
Vemos rapaz fazendo pergunta e Flavio – e, se possível, carteirinha do colégio com foto dele na tela, no fundo do quadro
RAPAZ – (BALÃO DE FALA) Quando foi isso? E onde?
FLAVIO – (BALÃO DE FALA) No colégio Equipe, em 1973 e 74.

QUADRINHO 15
Vemos só Flavio
FLAVIO – (BALÃO DE FALA) Naquela época, os cursos de ensino médio tinham que ter matérias profissionalizantes. No Equipe tinha fotografia, música, teatro e cinema.

QUADRINHO 16
Vemos Flavio
FLAVIO – (BALÃO DE FALA) A classe de cinema eram essas quatro pessoas que eu já citei, além de mim. Nós fizemos um curta e depois um média, em 16 mm, com uns 25 minutos.

QUADRINHO 17
Vemos pedaço da cabeça de Flavio em primeiro plano e, se possível, foto do filme na tela
FLAVIO – (BALÃO DE FALA) Esse filme se chama *Inês de Castro*. São várias histórias de história do Brasil e de Portugal misturadas.

QUADRINHO 18
Mesmo que anterior, com outra foto do filme na tela
MOÇA – (BALÃO DE FALA) Isso tem a ver com alguma aula?
FLAVIO – (BALÃO DE FALA) Claro, de história do Brasil.

QUADRINHO 19
Mesmo que anterior, com outra foto do filme na tela

Lucy Bouquet como Inês de Castro.

FLAVIO – (BALÃO DE FALA) A professora Laura Tetti era atriz também. Ela fazia a matéria ficar interessantíssima.

QUADRINHO 20
Vemos Flavio
FLAVIO – (BALÃO DE FALA) Eu e o Flavio Del Carlo éramos da mesma classe. A gente foi fazendo o roteiro durante a aula seguinte à da Laura.

QUADRINHO 21
Mesmo que anterior, com outra foto do filme na tela
FLAVIO – (BALÃO DE FALA) A história da Inês de Castro é muito interessante: ela era a amante do príncipe de Portugal e foi desenterrada e coroada depois de morta.

Carlos Moreno em *Inês de Castro*.

QUADRINHO 22
Vemos outro rapaz perguntando e Flavio
RAPAZ – (BALÃO DE FALA) É por isso que existe a frase "Agora é tarde, Inês é morta"?
FLAVIO – (BALÃO DE FALA) Exatamente!

QUADRINHO 23
Vemos Flavio
FLAVIO – (BALÃO DE FALA) Esse filme ganhou um prêmio no Festival de Cinema da Bahia, mas foi censurado, porque acharam que era uma exaltação à Revolução Portuguesa, que tinha acabado de acontecer.

QUADRINHO 24
Vemos moça perguntando e Flavio
MOÇA – (BALÃO DE FALA) E era mesmo?
FLAVIO – (BALÃO DE FALA) Nada a ver. Ele foi feito antes de isso acontecer.

QUADRINHO 25
Vemos Flavio e rapaz perguntando
FLAVIO – (BALÃO DE FALA) Em 1988 eu escrevi e dirigi sozinho um curta em Super 8.
RAPAZ – (BALÃO DE FALA) O que é isso?

QUADRINHO 26
Vemos Flavio
FLAVIO – (BALÃO DE FALA) Um tipo de filme menor que 16 mm, que é menor que 35 mm.

QUADRINHO 27
Vemos Flavio
FLAVIO – (BALÃO DE FALA) Antes existia o 8 mm, que não podia ser sonorizado. O Super 8 tinha espaço pra banda sonora.

QUADRINHO 28
Vemos Flavio
FLAVIO – (BALÃO DE FALA) Pela primeira vez na história, as câmeras de cinema ficaram mais baratas e acessíveis às pessoas "normais". Mas não muito: eu, por exemplo, não tinha uma.

QUADRINHO 29
Vemos Flavio
FLAVIO – (BALÃO DE FALA) Este filme, *Mãe Natureza*, é bem engraçado e teatral. Eu fiz um cenário e a câmera ficou parada na frente.

QUADRINHO 30
Vemos Flavio
FLAVIO – (BALÃO DE FALA) Como num filme de Meliés, que era e ainda é um dos meus ídolos.

E ELE É MUDO. AS FALAS, COMO FILME DO COMEÇO DO SÉCULO XX.
VOC
MESMO?
SERÁ QUE EU CONTO QUE EU INSCREVI "MÃE NATUREZA" NO FESTIVAL DE FILMES SUPER 8 E ELE FOI RECUSADO? NÃO, DEIXA PRA LÁ!
MINHA PRIMEIRA EXPERIÊNCIA COM ROTEIRO PARA OUTRA PESSOA DIRIGIR FOI COM UMA SÉRIE CHAMADA "PENSAMENTO E LINGUAGEM" EM 1979.
ERA UM PROJETO CRIADO PELA EDUCADORA ANA MARIA POPPOVIC, PARA DAR APOIO E SUBSÍDIOS PARA OS PROFESSORES DA REDE PÚBLICA DE ENSINO.
ESSA SÉRIE DE CURTAS FOI DIRIGIDA PELA SUZANA AMARAL, QUE DEPOIS FEZ FILMES MUITO BONS, COMO "A HORA DA ESTRELA".
DEPOIS DISSO EU FIQUEI UM TEMPO SÓ SONHANDO COM FILMES, FAZENDO ROTEIROS PARA CURTAS, QUERENDO DIRIGIR.
IRETOR

AÍ, EM 1988, DOIS PRIMOS QUE FIZERAM JUNTOS UM MONTE DE FILMES EM SUPER 8, O ISAY WEINFELD E O MÁRCIO KOGAN, ME CHAMARAM PARA ESCREVER COM ELES UM ROTEIRO DE LONGA.

DEPOIS DE MUITAS, MUITAS REUNIÕES, EU ACABEI FAZENDO SÓ OS DIÁLOGOS DE UM FILME CHAMADO "FOGO E PAIXÃO."

MAS TUDO SERVE COMO APRENDIZADO. EU FUI VENDO QUE UM FILME É DO DIRETOR — E OS ROTEIRISTAS ESCREVEM PARA QUEM VAI DIRIGIR.

SALA DO DIRETOR

UM ROTEIRISTA DE CINEMA É BEM MENOS AUTOR DO QUE UM DRAMATURGO, POR EXEMPLO. **BEM** MENOS.

DOIS ANOS DEPOIS EU FIZ O ROTEIRO DE UM CURTA DE ANIMAÇÃO E GENTE AO VIVO, "SQUICH!", DO FLAVIO DEL CARLO.

AQUELE QUE FEZ COM VOCÊ O "INÊS DE CASTRO", NO ENSINO MÉDIO?

ESSE MESMO.

NESSE EU FIZ TAMBÉM O PAPEL PRINCIPAL. EU SEI SUPERBEM A DATA DA FILMAGEM PORQUE EU ESTAVA LOIRO.

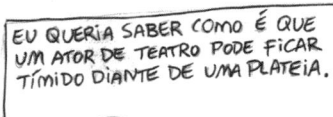

POR ALGUM MOTIVO?

EU ESTAVA FAZENDO O PAPEL DE ALEMÃO VILÃO NAZISTA NA PEÇA MUSICAL "CABARET".

EU QUERIA SABER COMO É QUE UM ATOR DE TEATRO PODE FICAR TÍMIDO DIANTE DE UMA PLATEIA.

É QUE NO TEATRO TEM A ILUMINAÇÃO, QUE SEPARA BEM O PALCO DA PLATEIA; TEM TAMBÉM OS FIGURINOS, QUE SEMPRE TEM A MAQUIAGEM, QUE É UM TIPO DE MÁSCARA. E TEM UM PERSONAGEM.

FLAVIO DE SOUZA NÃO É UM PERSONAGEM?

NÃO. ACHO QUE NÃO... NÃO, NÃO É.

O PAPEL MAIS DIFÍCIL DE FAZER É DE VOCÊ MESMO.	UM POUCO ANTES OU DEPOIS DO "SQUICH" EU PARTICIPEI DE UM ROTEIRO DE UM CURTA MUITO BOM, DIRIGIDO PELA ELIANA FONSECA, A "REVOLTA DOS CARNUDOS".
EU NÃO SEI DIREITO AS DATAS DE QUASE NENHUM FILME!	POR QUE EU NÃO FAÇO UMA PESQUISA ANTES DE ME PÔR NA FRENTE DE UMA PLATEIA?
O CURTA SEGUINTE QUE EU ESCREVI FOI PARA O LUIZ VILLAÇA, QUE É O DIRETOR DO QUADRO DA DENISE FRAGA NO FANTÁSTICO HÁ ANOS.	ELES SÃO CASADOS. O INTERESSANTE É QUE NESSE CURTA, "ALÉM DA ETERNIDADE", FOI A PRIMEIRA VEZ QUE ELES FIZERAM ALGUMA COISA JUNTOS.
EU NÃO VOU CONTAR QUE FUI EU QUE INDIQUEI A DENISE PARA O CURTA E FOI A PARTIR DAÍ QUE ELES COMEÇARAM A NAMORAR...	NO CURTA SEGUINTE A DENISE FEZ O PAPEL PRINCIPAL. EU DIRIGI, ALÉM DE ESCREVER, "LEMBRANÇAS DO FUTURO".

— E QUEM PRODUZIU?

— UM AMIGO CHAMADO PICO GARCEZ.

— MAS O PICO FEZ A PRODUÇÃO EXECUTIVA E USOU OS CONTATOS DELE, CONSEGUIU UM MONTE DE COISAS — O DINHEIRO FOI DO PRÊMIO ESTÍMULO QUE EU GANHEI NA SECRETARIA DA CULTURA ESTADUAL.

— "LEMBRANÇAS DO FUTURO" É UM MINILONGA, TEM 23 MINUTOS.

— O DINHEIRO DO PRÊMIO DEU PARA PAGAR UM FILME DE 23 MINUTOS?

— NÃO, DEU PARA UM POUCO MAIS DA METADE, EU DEVIA TER CORTADO O ROTEIRO PELA METADE, TERIA FEITO UM FILME MELHOR.

— ESSA FOI MAIS UMA LIÇÃO QUE EU APRENDI DE UM JEITO DURO.

É UM FILME BEM TEATRAL, PRA VARIAR, MAS DESSA VEZ FOI PORQUE EU SÓ PODIA FILMAR CADA CENA DE UM ÂNGULO, UMAS POUCAS DEU PARA FAZER DE DOIS.

A MAIORIA DAS CENAS É "MASTER SHOT", OU SEJA, CENAS INTEIRAS SEM CORTES.

O MELHOR DESSE FILME, ALÉM DO ROTEIRO, CLARO...

...É O ELENCO. COMO EU FIZ TEATRO UM TEMPÃO, TENHO VÁRIOS AMIGOS ATORES. IMAGINA TER NO MESMO FILME A DENISE FRAGA, A MARISA ORTH...

... O ARY FRANÇA, O CARLOS MORENO, A ELIANA FONSECA, O HENRIQUE STROETER...

... O ANDRÉ ABUJAMRA, A LÍGIA CORTEZ, A XUXA LOPES E OUTROS...

EU APRENDI MUITO COM ESSE FILME. DA MELHOR MANEIRA, CLARO, QUE É ERRANDO...

EU FIZ UM OUTRO TRABALHO PARA A DENISE E O LUIZ VILLAÇA: UM OUTRO ROTEIRO, DE LONGA, CHAMADO "ATRÁS DO PANO".

ESSE ROTEIRO DE LONGA TEVE UMA LONGA HISTÓRIA. ESSE PROCESSO DUROU DE 1.995 A 98.

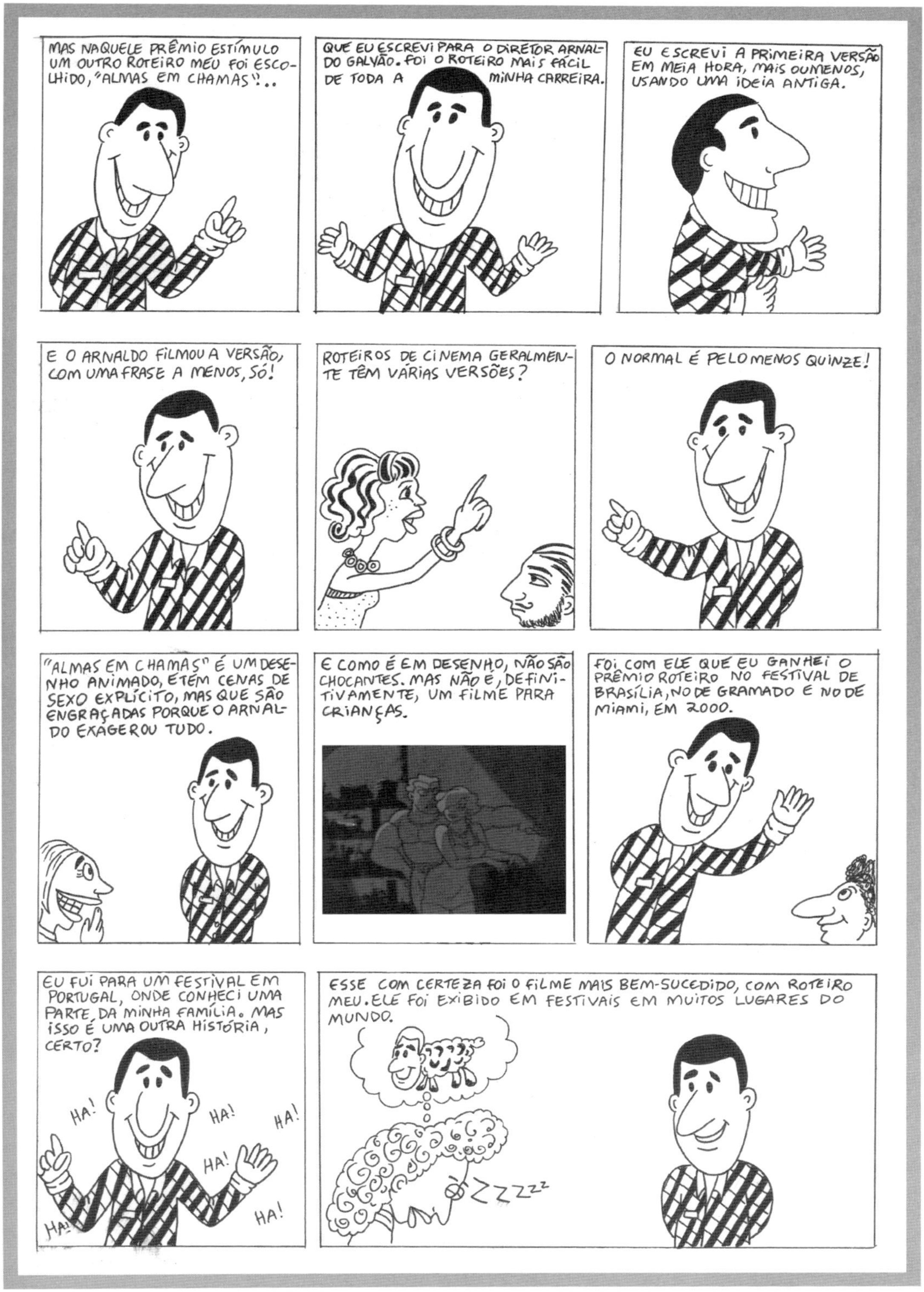

MAS NAQUELE PRÊMIO ESTÍMULO UM OUTRO ROTEIRO MEU FOI ESCOLHIDO, "ALMAS EM CHAMAS"...	QUE EU ESCREVI PARA O DIRETOR ARNALDO GALVÃO. FOI O ROTEIRO MAIS FÁCIL DE TODA A MINHA CARREIRA.	EU ESCREVI A PRIMEIRA VERSÃO EM MEIA HORA, MAIS OU MENOS, USANDO UMA IDEIA ANTIGA.
E O ARNALDO FILMOU A VERSÃO, COM UMA FRASE A MENOS, SÓ!	ROTEIROS DE CINEMA GERALMENTE TÊM VÁRIAS VERSÕES?	O NORMAL É PELO MENOS QUINZE!
"ALMAS EM CHAMAS" É UM DESENHO ANIMADO, E TEM CENAS DE SEXO EXPLÍCITO, MAS QUE SÃO ENGRAÇADAS PORQUE O ARNALDO EXAGEROU TUDO.	E COMO É EM DESENHO, NÃO SÃO CHOCANTES. MAS NÃO É, DEFINITIVAMENTE, UM FILME PARA CRIANÇAS.	FOI COM ELE QUE EU GANHEI O PRÊMIO ROTEIRO NO FESTIVAL DE BRASÍLIA, NO DE GRAMADO E NO DE MIAMI, EM 2000.
EU FUI PARA UM FESTIVAL EM PORTUGAL, ONDE CONHECI UMA PARTE DA MINHA FAMÍLIA. MAS ISSO É UMA OUTRA HISTÓRIA, CERTO? HA! HA! HA! HA! HA! HA!	ESSE COM CERTEZA FOI O FILME MAIS BEM-SUCEDIDO, COM ROTEIRO MEU. ELE FOI EXIBIDO EM FESTIVAIS EM MUITOS LUGARES DO MUNDO. ZZZZZ	

ESSES PRÊMIOS E O SUCESSO FACILITARAM A PRODUÇÃO DE OUTROS FILMES?

DEVERIAM, NÉ? MAS NÃO, EU ESCREVI O ROTEIRO DE UM LONGA DE ANIMAÇÃO INFANTOJUVENIL PARA O ARNALDO E ELE ESTÁ TENTANDO CONSEGUIR O DINHEIRO HÁ MAIS DE CINCO ANOS!

O QUE MAIS? EU ESCREVI DOIS CURTAS E UM LONGA PARA MINHA AMIGA FLAVIA MORAES, MAS ELES AINDA IVÃO FORAM FEITOS.

EXISTEM MILHÕES DE ROTEIROS NÃO FILMADOS NO MUNDO... É MUITO MAIS FÁCIL UM ROTEIRO FICAR NA GAVETA DO QUE SER PRODUZIDO!

EU FIZ TRÊS VERSÕES DA ADAPTAÇÃO DA MINHA PEÇA "FICA COMIGO ESTA NOITE", QUANDO ERA O DANIEL FILHO QUE IA DIRIGIR. INFELIZMENTE ELE DESISTIU...

SERÁ QUE EU FALO DO FILME QUE ACABOU SENDO FEITO COM O NOME MAS COM UM ROTEIRO QUE NÃO TEM UMA SÓ FRASE DA PEÇA? NÃO, VÃO PERGUNTAR SE EU GOSTEI DO FILME...

E FOI ASSIM QUE EU CONHECI O DILER TRINDADE. EU ESCREVI NOVE ROTEIROS PARA A PRODUTORA DELE. EM 2003 ELE ME CHAMOU PARA FAZER OS DIÁLOGOS DO FILME DO RENATO ARAGÃO...

..."DIDI, O CUPIDO TRAPALHÃO". DEPOIS, EM 2005, EU PARTICIPEI DE OUTRO FILME DELE, "DIDI, O CAÇADOR DE TESOUROS".

FOI EM 2003 QUE EU CONHECI, ATRAVÉS DO DILER, A XUXA MENEGHEL; COMEÇOU UMA PARCERIA QUE DUROU CINCO FILMES, CINCO ESPECIAIS DE NATAL E QUATRO ANOS DE PROGRAMA DE TV.

E ESSE ANO, 2003, FOI PARA MIM UM "ANO LOIRO"!

EU ESCREVI "ABRACADABRA" COM A XUXA, "UM SHOW DE VERÃO", COM ANGÉLICA E ESCREVI A PRIMEIRA VERSÃO DE UM COM A ELIANA.

COMO ASSIM?

HA! HA! HA! HA! HA!

Quadro 1: 2003 FOI UM ANO INTERMINÁVEL, EU FIZ TAMBÉM A ADAPTAÇÃO PARA CINEMA DA SÉRIE "ILHA RÁ-TIM-BUM"...

Quadro 2: A VERSÃO FINAL DO ROTEIRO FOI FEITA POR OUTRA PESSOA, EU DEVIA TER SÓ CRÉDITO DE AUTOR DA HISTÓRIA.

Quadro 3: EM SEGUIDA VIERAM OS OUTROS FILMES DA XUXA, DE 2004 ATÉ 2007, INCLUSIVE O DA XUXINHA, QUE É UM LONGA DE DESENHO ANIMADO.

Quadro 4: E EM 2005 EU PARTICIPEI DO ROTEIRO DE OUTRO LONGA DE DESENHO ANIMADO, "A TURMA DA MÔNICA - UMA AVENTURA NO TEMPO".

Quadro 5: ACHO MELHOR NÃO FALAR QUE FOI NO "SHOW" QUE A ANGÉLICA E O LUCIANO COMEÇARAM A NAMORAR...

Quadro 6: TODO MUNDO SABE DISSO! O QUE MAIS?

Quadro 7: HA! HA! HA! HA! VOCÊ É O CEBOLINHA? COMO É QUE É?

UMA PROFESSORA DISSE QUE VOCÊ É SOBRINHO DO MAURÍCIO DE SOUZA E O CEBOLINHA FOI BASEADO EM VOCÊ.
HA! HA! HA! HA! HA! HA!
E ELA ACHA QUE EU FIZ "TLATAMENTO PALA NÃO FALAR ELADO"?
BOM, PELO MENOS ELA NÃO ACHOU QUE O CASCÃO FOI BASEADO EM MIM. MAS OLHA, SERIA A MAIOR HONRA TER UM TIO TÃO TALENTOSO... E RICO! MAS É SÓ COINCIDÊNCIA DE SOBRENOME!
HA! HA! HA! HA!
PARA TERMINAR EU QUERO DIZER QUE EU TINHA DESISTIDO DE ESCREVER ROTEIROS DE CINEMA, POR CAUSA DE UM QUE EU FIQUEI REESCREVENDO POR MAIS DE UM ANO, E ACABOU NÃO ROLANDO.
E POR CAUSA DO LONGA DO ARNALDO GALVÃO, FUI PARA UM TIPO DE WORKSHOP COM ROTEIRISTAS BRASILEIROS E ESTRANGEIROS, QUE FAZEM UMA ANÁLISE DOS ROTEIROS DOS PARTICIPANTES.
É O LABORATÓRIO SESC RIO DE ROTEIROS, EM PETRÓPOLIS, QUE NESTE ANO FOI VOLTADO PARA CINEMA INFANTIL. POR CAUSA DESSA EXPERIÊNCIA EU VOLTEI A TER VONTADE DE ESCREVER ROTEIROS DE CINEMA.
OLHA SÓ! EU SOBREVIVI! E NEM FALEI MUITA BESTEIRA.
THAU, GENTE! OBRIGADO PELA PACIÊNCIA!
MUITO OBRIGADA, FLAVIO!
CLAP! CLAP! CLAP! CLAP! CLAP! CLAP! CLAP! CLAP! CLAP! CLAP!

Uma pilha cada vez maior

Contos de fada com e sem fada

Eu escolhi ou fui escolhido?

É difícil dizer se eu escolhi os contos de fada para tantos trabalhos ou se foram os contos de fada que me escolheram.

Muitos dos meus livros que são variações de contos de fada foram ideias que eu mesmo tive e decidi pôr em prática. Mas seis grandes projetos com personagens dessas histórias antigas foram convites e em nenhum desses seis casos eu demorei mais que alguns segundos para aceitar. Por exemplo, dirigir uma ópera produzida pelo Theatro Municipal de São Paulo com a história de João e Maria e depois fazer uma versão moderna dessa mesma história, em desenho animado, para um filme de longa duração, com ratinhos em vez de crianças...

Céline Imbert em *João e Maria*.

Em toda parte

Estamos cada vez mais rodeados, principalmente nas grandes cidades, de personagens de filmes, desenhos animados, programas de TV e até de livros.

Na casa dos meus pais tinha bastante livro. Tinha uma coleção com volumes bem grandes com os títulos *Os melhores contos das 1001 noites*, *Os melhores contos de fada*, *Os melhores...*

Meu pai já trabalhava na editora Abril antes de eu nascer e a Abril sempre publicou as histórias em quadrinhos, livros, fascículos e revistas de atividades da Disney. Em casa, além de tudo isso, ainda tinha um disco – *long-play* de vinil – com as canções principais de cada desenho animado produzido por Walt Disney, que ficou em primeiro lugar na lista de mais ouvidos durante anos.

A maioria dos desenhos da Disney são adaptações – muito boas – de contos de fada. Quando eu era criança e adolescente, na segunda metade dos anos 1950 e nos anos 1960, já tinha príncipes, princesas, feiticeiros, bruxas, animais falantes e monstros em brinquedos, roupas, capas de caderno, material escolar, colchas, bonés etc. etc. etc.

Histórias maravilhosas Bendix

Era uma vez, há muito, muito tempo, uma série de televisão americana (claro!) que era exibida todo sábado à tarde, chamada *Histórias maravilhosas Bendix*, patrocinada por uma empresa de eletrodomésticos chamada... Bendix.

Provavelmente um ou mais itens do parágrafo anterior estão incorretos, mas é assim que eu me lembro do programa de TV que mais me apavorou na infância – depois teve um chamado *Além da imaginação*, que era de terror mesmo.

Contos de fada, alguns desconhecidos da maioria das pessoas, eram mostrados nessa série – em preto e branco, é claro – com muito humor e sem amenizar detalhes horripilantes das histórias, como fazia o Walt Disney, por exemplo – mas não muito, porque convenhamos que as bruxas eram bem assustadoras.

Eu me lembro especialmente de um conto oriental, em que um califa muito mau condenava o mocinho herói a ser mergulhado em um barril cheio de óleo fervendo. Esses e outros detalhes me apavoravam, me fascinavam, me faziam continuar assistindo, me ensinavam que nem tudo no mundo era do bem, nem todo mundo se dava bem e coisas terríveis podiam acontecer – e aconteciam!

Príncipes e princesas, sapos e lagartos

Esse livro foi escrito em 1987 e editado em 1989. Essas histórias apareceram na minha cabeça sem aviso.

Eu estava com o corpo cheio de agulhas, numa sessão de acupuntura – com o Doutor Jou Eel Jia, que me trata desde 1986 –, e a história principal, da princesa Miranda e do príncipe Leo Lourival, que é contada em capítulos, começou a "acontecer" em alguma parte do meu cérebro. Quando saí do consultório, já tinha imaginado metade dos outros personagens que são descritos nas minibiografias, como se fossem aqueles retratos que a gente vê nas paredes dos castelos europeus antigos.

No dia seguinte, já estava tudo escrito. Existem histórias que eu escrevi em forma de peça de teatro, livro ou roteiro de filme, que levaram vários anos para ficar prontas depois de eu ter tido as primeiras ideias. Parece que eu escrevo primeiro dentro da minha cabeça e depois no papel ou computador. Essa parece que ficou pronta antes mesmo de eu ter pensado nela.

Em 1987 eu ainda escrevia tudo à mão, com caneta esferográfica, e depois datilografava – ou seja, digitava num aparelho chamado "máquina de escrever".

Que história é essa?

Esse é o nome do meu segundo livro mais vendido – já vendeu mais de 27 mil exemplares. No Brasil, isso é um genuíno *best-seller* (mais vendido).

Ele demorou bastante para ser escrito: do primeiro rascunho até a publicação foram mais ou menos dez anos.

Foi a editora da Companhia das Letrinhas, a Lilia Schwarcz (que todo mundo chama de Líli, com a tônica no primeiro "i"), que teve a ideia de ter textos sobre os compiladores de contos de fada, como os irmãos Grimm, e sobre escritores como o Andersen.

Essa ideia, de contos de fada contados de uma nova maneira, não é muito nova. O Monteiro Lobato fez isso em vários livros dele do *Sítio do Picapau Amarelo*. Mas eu preciso dizer que tive essa ideia antes dos roteiristas do filme *Shrek*!

Não muito depois da publicação do primeiro, eu escrevi o *Que história é essa? 2*, que é meu terceiro livro mais vendido.

Se você ficou com a curiosidade aguçada, meu livro mais vendido é *O álbum do Nino*, com o personagem principal do seriado de TV *Castelo Rá-Tim-Bum*, que vendeu quase 55 mil exemplares – mas agora está esgotado...

Chapeuzinho adormecida no país das maravilhas

Eu tive a ideia de fazer o pai que narra uma história à filha confundindo e misturando os contos de fada para poder contar uma nova história com personagens de velhas histórias. Foi o ponto de partida que eu inventei para que isso acontecesse.

O final do livro é confuso de propósito, para não ficar claro se a menina e o pai dormiram e sonharam ou não – e se a mãe dormiu e sonhou ou não –, para o fim não ser um só, para cada pessoa que ler entender do jeito que quiser e, portanto, participar da criação da história, atribuindo o final que lhe convier.

A inspiração para esse livro foram vários livros e filmes, principalmente aqueles em que os personagens precisam chegar a algum lugar para resolver um problema. Por exemplo, *O mágico de Oz*, que foi um livro antes de se tornar um filme, e *Os filhos do Capitão Grant*, um livro de Júlio Verne que virou um filme do Walt Disney.

Várias pessoas ficaram incomodadas com o fato de a história de repente começar a ir para trás e depois ir para a frente novamente. É para ser engraçado; o personagem errado morde a maçã envenenada, e aí a história tem que voltar para a pessoa certa fazer isso. Isso acontece porque sim, ou seja, porque eu quis. Essa é a melhor coisa de ser autor de livros. Você pode contar a história do jeito que você quiser.

Esse livro é a adaptação da peça teatral de mesmo nome. Essa peça foi escrita especialmente para uma amiga minha chamada Kika Sampaio, professora de sapateado. Ela fez o papel da Chapeuzinho Vermelho e o espetáculo era todo cantado e sapateado. Nessa história tem uma coisa que eu gosto muito, que é a mistura de vários contos de fadas.

Foi por causa desse livro que eu acabei escrevendo o roteiro do filme *Xuxa em Abracadabra*. A Xuxa Meneghel leu essa história antes de ela virar um livro e achou que tinha tudo a ver com o filme que ela queria fazer, que tinha tudo a ver com uma peça chamada *Into the woods* (que quer dizer, mais ou menos, "Para dentro da floresta"), que é um musical americano que mistura as histórias da Chapeuzinho Vermelho, do João do pé de feijão e outros personagens de contos de fada. A Xuxa tinha assistido a essa peça havia muitos anos, quando morava em Nova York. Se você assistir ao filme, vai saber o que uma história tem a ver com a outra.

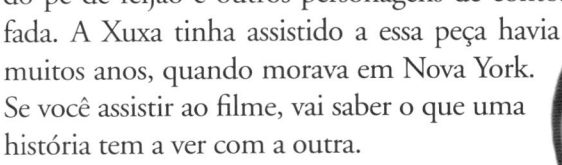

Esse livro ganhou, em 2006, o prêmio Jabuti de melhor livro infantil.

Finalmente um Jabuti!

Este é o troféu Jabuti que eu ganhei pelo livro *Chapeuzinho adormecida no país das maravilhas*, no dia 13 de setembro de 2006.

Quem ganha o prêmio Jabuti recebe uma quantia em dinheiro, além do troféu. Mas eu não ganhei. Porque eu ganhei, mas em segundo lugar. Tudo bem, ganhar em segundo é melhor do que ganhar em terceiro.

Essa foto com o troféu foi tirada recentemente, não é a da noite em que entregaram o prêmio. Essa noite vai ficar gravada para sempre na minha memória como uma das mais tristes da minha vida – ou a mais triste.

Esse prêmio foi entregue na noite de 13 de setembro de 2006, dia do meu 51º aniversário. E um dia antes da morte da minha mãe. Na verdade, para mim, ela se foi nesse dia mesmo, no meu aniversário, porque foi internada pela última vez e o médico decidiu sedá-la para que não sofresse na agonia que precede a morte.

Theresinha com o neto Leonardo em 1979.

Eu trabalhei muito, o dia inteiro, em textos que tinha que entregar na manhã seguinte e deixei para ir visitá-la pela manhã, porque eu sabia que ela estava inconsciente e pela primeira vez não ia poder me desejar um feliz aniversário.

Na noite de 13 de setembro de 2006 eu ganhei o prêmio brasileiro mais importante de literatura. E perdi minha mãe. Se eu tivesse ido receber o prêmio, eu o teria dedicado a ela. Então aí vai:

> "Dedico este prêmio à Theresinha Oliveira de Souza, minha querida mãe, que leu tudo que eu escrevi, bem antes de começar a ser publicado ou encenado, e sempre me incentivou muito."

Vai começar tudo outra vez

Esse é o nome do segundo episódio do seriado *Mundo da Lua*, e é o nome de um dos três livros que eu escrevi baseados em roteiros dessa série de TV que eu criei e escrevi para a TV Cultura entre 1989 e 91.

Foi a primeira vez que foi feito um subproduto de um programa da TV Cultura. Muita gente lá de dentro foi contra, achavam que eu ia ligar programas educativos ao consumismo.

Eu já tinha visto nos Estados Unidos, anos antes disso, um monte de subprodutos da série educativa *Sesame Street* (no Brasil, *Vila Sésamo*), cuja renda era usada na produção de novos episódios.

Foi uma luta não muito dura, porque eu tive a aprovação e o apoio do presidente da TV Cultura, o Roberto Muylaert, que fez o processo jurídico ser apressado para que esse projeto fosse viável, porque a gente tinha que aproveitar o sucesso da série. O que a gente não sabia é que *Mundo da Lua* seria reprisado quase sem interrupção durante anos e anos e anos.

Durante algum tempo eu achei que tinha inventado esse nome. É claro que a expressão "no mundo da Lua" já existia desde não sei quando, mas eu achei que a estava usando pela primeira vez como nome de alguma coisa. Alguns anos depois descobri que um dos livros do Monteiro Lobato para adultos se chama *No mundo da Lua*.

A história "Vai começar tudo outra vez" é a adaptação do segundo episódio da série. Foi muito bom fazer um livro com ela, porque quando eu escrevi aquele episódio, tive que espremê-lo em poucas páginas, já que cada episódio tinha por volta de 23 minutos de duração.

No livro deu para desenvolver melhor as situações e o relacionamento entre os personagens. Eu acho esse um dos melhores episódios e ele é bastante autobiográfico: quando eu era criança, tinha uma mistura de euforia e preguiça na noite anterior ao primeiro dia de aula do ano. E o Theodoro, meu segundo filho, nasceu doze anos depois do Leonardo, o primeiro. "Vai começar tudo outra vez" é sobre esses dois recomeços.

Os outros livros dessa série são *A árvore de dinheiro* e *Aeroporto 2001*, que são outros dos meus episódios preferidos.

Por falta de interesse e oposição de várias pessoas, esse três livros foram mal divulgados e as vendas foram só razoavelmente boas. Eles estão esgotados desde então.

A coleção de doze livros do *Castelo Rá-Tim-Bum* foi um tremendo sucesso. O primeiro da série, *O álbum do Nino*, um dos seis escritos por mim, foi durante muito tempo meu maior *best-seller*: foram mais de 50 mil exemplares vendidos. No Brasil, quando um livro vende 3 mil exemplares, já é considerado um sucesso.

Flavio e seu filho Theodoro, em 1996.

Essa coleção também está esgotada, por muitas razões – a maioria desconhecida por mim.

Domingão joia

A história *Domingão joia* é inventada, mas muitas das coisas que acontecem nela acontecem de verdade com quem mora na capital do estado de São Paulo e vai passar o domingo em Santos.

Algumas das coisas que acontecem nessa história aconteciam com a minha família. Mas não TUDO e não na MESMA viagem. E a gente não ia para Santos, a gente ia para Itanhaém, que fica mais ao sul. A gente não ia passar só o domingo. A gente passava as férias escolares todas lá. E alguns fins de semana e feriados.

Flavio no mar de Itanhaém.

Por que Itanhaém? Como eu já disse, tudo começou com meu avô Oscar, pai da minha mãe. Quando ele se aposentou, foi morar em Itanhaém, uma cidade muito bonita e tranquila à beira do mar. Quem conhece Itanhaém hoje pode até concordar que ela é uma cidade bonita. Mas tranquila, nem pensar. No entanto, quando meu avô foi morar lá, quando eu ainda era bem criança, Itanhaém era um pedaço de paraíso na Terra. Por uma razão muito simples: era MUITO difícil chegar até lá.

Então, quando minha mãe resolvia ir visitar meu avô, ela e meu pai realizavam uma viagem com V maiúsculo.

Para ir a Itanhaém, até o início dos anos 1970, já existia a estrada Pedro Taques, que sai da serra e vai beirando Praia Grande. Hoje em dia ela é uma estrada com via dupla nas duas mãos, então dá para chegar em Itanhaém rapidinho. Naquele tempo, ela só tinha uma mão para ir e outra para voltar e, na época de feriados e de ida e volta de férias, tornava-se INFERNAL!

Quando meu avô morava lá, essa estrada simplesmente não existia! Então os ônibus, que eram jardineiras (aqueles ônibus que têm a frente igual à de um caminhão), iam de São Vicente (aquela cidade grudada em Santos) até Itanhaém... PELA PRAIA! E as praias, como você deve saber, nunca têm o mesmo contorno dois dias seguidos. As ondas do mar avançam na maré alta e fazem o terreno ficar lisinho ou CHEIO DE CALOMBOS E CRATERAS, uniforme ou com VALETAS ENORMES. Quando chovia, então, era uma beleza. Muitas vezes a jardineira encalhava na areia e os passageiros tinham que descer para ajudar a empurrar e... Essa história é do tipo que não tem fim, daria para eu escrever um livro inteiro só com essas peripécias.

Flavio e a irmã Cybele na Kombi do pai.

Mais tarde, meu pai adquiriu uma perua Kombi. Tinha que ser

uma perua, não é? E tem uma história de um enorme bacalhau que minha mãe cismou de levar, causando um ataque de nervos no meu pai, que acabou inventando uma solução: o bacalhau foi amarrado do lado de fora da perua, como um tipo de rabo. E foi balançando estrada afora...

É claro que dava para ir para Itanhaém de trem; naquela época, ainda existiam trens para tudo quanto é canto, eles ainda não tinham sido desativados para que as pessoas fossem obrigadas a comprar carros, para que as indústrias automobilísticas que foram implantadas no nosso país dessem certo. Mas era uma LONGA viagem, de muitas e muitas horas. Nesse caso, porém, tinha uma vantagem, porque a casa do meu avô ficava a alguns metros da estação mais próxima. Numa das vezes que meus pais foram de trem, minha mãe estava levando uma grande abóbora, daquelas que tem o pescoço comprido. Meu pai nunca mais se esqueceu daquela abóbora, porque provavelmente foi ele quem a carregou.

A parte da história da minha família que é mais parecida com a família da história *Domingão joia* vem depois. Meu avô achou que Itanhaém estava ficando muito grande, cheia de turistas no verão, e se mudou para Cananeia, que fica mais lá para baixo, no litoral paulista, onde só se chegava por uma balsa.

Em alguns verões e fins de semana e feriados nós íamos para a casa de Itanhaém, junto com muitos tios e primos.

E depois que meu pai construiu uma casa separada daquela primeira do meu avô, a gente ia muito para Itanhaém, praticamente todo fim de semana.

Durante um tempo a gente ia de Fusca, que é aquele carro BEM pequeno. Eram seis da família, a empregada e pelo menos uma amiga de uma das minhas irmãs. Esse Fusca carregou uma parede inteira de pedra, e acabou tendo o motor fundido. Foi nessa vez que eu tive a

O avô Oscar.

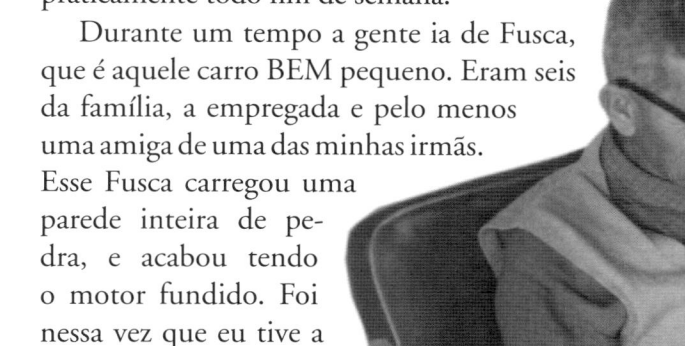

experiência de ficar parado no meio de uma estrada, mas não estava a família inteira, era só a minha mãe, o meu avô e eu. Você deve achar que leu errado ou que eu estou louco.

Como um Fusca pode carregar uma parede inteira de pedra? Eu explico. Não foi de uma só vez. E a parede foi feita na casa em Itanhaém, o Fusca só levou as pedras, aos montes. Quando a parede já estava pronta, mas a casa ainda estava nos acabamentos, o Fusquinha desistiu da vida ou se revoltou e se recusou a continuar levando seja o que fosse no circuito São Paulo-Itanhaém. E eu tive uma das tardes mais divertidas da minha vida. A gente acabou pegando um ônibus e até hoje eu prefiro viajar de ônibus em vez de carro nas estradas.

Eu podia continuar contando mil e uma histórias sobre as viagens para Itanhaém, mas chega. Eu só quero contar de uma vez que a gente foi para lá num fim de semana, e estava chovendo muito e tinha uma seringueira, aquela planta que se transforma numa árvore ENORME, amarrada no alto da perua... É, naquela época era uma perua, mas não uma Kombi. Era uma Jangada, que era a versão perua do carro Sinca, que não existe mais. Nós chegamos, e o acesso à cidade estava alagado. Nós tivemos que dar meia volta e voltar para São Paulo. Foi um belo passeio que a seringueira deu...

É por essas e outras que a história *Domingão joia* é dedicada aos meus pais e às minhas irmãs. Mas, que gafe! Ela devia ter sido dedicada muito especialmente ao meu vô Oscar! Ele era um homem muito, muito bondoso e de muito, muito senso de humor. E se existe um céu, ele está lá olhando aqui para baixo e dando muita risada!

Para maiores

Como eu escrevo especialmente para crianças e adolescentes, meus livros para adultos são poucos – e a maioria, inéditos.

Um dos que foram publicados é o mais engraçado – e picante – de todos que eu escrevi, e outro é um dos meus maiores orgulhos.

Anastácia e Bonifácia

Esse livro conta várias versões do que aconteceu antes, durante, depois e bem depois do baile das pretendentes em que Cinderela foi escolhida pelo príncipe para ser sua noiva e esposa.

Anastácia e Bonifácia são as meias-irmãs da Cinderela, um dos contos de fada mais conhecidos e usados como base para peças de teatro, livros, filmes, seriados, telenovelas. Mas esse livro NÃO é próprio para crianças.

Esse livro não foi o primeiro que eu escrevi para adultos, ou seja, pessoas de todas as idades com mais de 12, 14 anos, mas foi o primeiro a ser publicado. A maioria dos outros continuam inéditos, não por falta de tentativas da minha parte com as editoras. Acho que o fato de eu ter criado e escrito tanta coisa especialmente para crianças pode ser um dos motivos desse "problema".

Esse livro está esgotado faz alguns anos. Está entre meus planos literários e editoriais lançar uma nova versão dele, um *director's cut* (uma versão do autor), com trechos que foram cortados, na parte final, para que *Anastácia e Bonifácia* ficasse mais comercial.

Vissi d'arte

Esse livro é a biografia da atriz, diretora, produtora e escritora Marília Pêra.

Ela é principalmente atriz e, na minha opinião, umas das três melhores do Brasil e uma das melhores do mundo.

Vissi d'arte quer dizer "Vivi de arte" e é uma das árias (solos) da ópera *Tosca*, do compositor Puccini.

Esse livro tem um subtítulo: *50 anos vividos para a arte*. Na época em que a Marília e eu o escrevemos, ela estava com 54 anos. Como entrou pela primeira vez no palco aos 4 anos, ela estava realmente trabalhando como atriz havia cinquenta anos. Na verdade ela subiu no palco com poucos meses, no colo de uma atriz, mas interpretando de fato foi como um dos filhos assassinados pela própria mãe, a feiticeira Medeia, personagem-título de uma das mais conhecidas e dramáticas tragédias gregas, interpretada na estreia de Marília por uma atriz francesa, a madame Morienau.

O livro foi planejado para falar principalmente da carreira da Marília, mas foi inevitável que muito da vida dela também fosse incluído nas suas quatrocentas páginas.

A primeira parte, mais "normal", assim entre aspas, fala de cada personagem que a Marília fez, começando pela primeira e terminando com a personagem que era a sua última na época em que o livro foi finalizado, com algumas poucas exceções. Algumas das personagens entraram em outras partes do livro. Eu fiz questão de que cada uma delas fosse mostrada em uma ou mais fotos, para o leitor poder ir lendo o texto e vendo as fotos, e perceber as muitas transformações dessa genial atriz em cinquenta anos quase ininterruptos de muitas peças, filmes, *shows* e programas de TV.

A gente tem um projeto de fazer uma nova versão desse livro com apenas a primeira parte, que fala de cada personagem dela, complementando com todas que ela criou, nos palcos ou diante das câmeras, desde então. Nós ainda não conversamos a respeito, mas eu gostaria que essa nova versão do livro se chamasse *Camaleoa*, que é o que eu acho que a Marília é.

Faça um verso bem bonito

Entrevistador: Você demorou cinquenta anos para começar a escrever poesia.

Flavio de Souza: Foi. Eu não gostava, não entendia poesia. Eu começava a ler e quando chegava na quarta linha já tinha esquecido das duas primeiras.

E: Mas você já tinha feito algumas letras de música.

FDS: Já. Eu fiz a versão para português de cinco ou seis das músicas do musical *Cabaret*, em 1989. E adorei.

E: Mais alguma?

FDS: Eu fiz uma letra em inglês para um amigo, o Inácio Zatz, chamada "She's gotta a frozen heart", sobre um cara que é apaixonado por uma vampira. Era ligeiramente autobiográfica. E bem mais tarde eu fiz uma letra para a personagem da Marisa Orth cantar no meu filme *Lembranças do futuro*. O André Abujamra, um gênio, fez a melodia, ficou muito boa. Essa música fez parte de um *show* musical que a Marisa apresentou em 2008 e 2009.

> **"Insanidade temporária"**
> Seu delegado, quem está na sua frente
> Não é uma monstra sanguinária, sanguessuga
> É uma vítima que agora sofre, sente
> A dor, a culpa de algo que não cometeu!
>
> Seu delegado, só quem teve a sorte ou azar
> De vir ao mundo descendente de mãe Eva
> Pode entender e acreditar se eu jurar
> Que quem matou o meu marido não fui eu!
>
> Insanidade temporária, insanidade temporária
> Insanidade temporária... causada pela TPM!
>
> Seu delegado, a psicóloga explicou
> Quando eu usei aquela faca eu tava doida
> Só acordei quando o sangue espirrou
> Do membro decepado que foi meu!
>
> Seu delegado eu estava cega e louca
> E não mereço receber este castigo
> Eu vou berrar até ficar doída e rouca
> Que quem matou o meu marido não fui eu!
>
> Insanidade temporária, insanidade temporária
> Insanidade temporária... causada pela TPM!

Marisa Orth como a cantora Jennifer Jackson Lee.

E: E ler poesia?

FDS: Para não dizer que eu nunca li, eu li o *Auto do frade* e *Morte e vida severina*, do João Cabral de Melo Neto. E *Ou isto ou aquilo*, que tem um monte de poesias feitas para crianças pela Cecília Meireles.

E: Por que este subcapítulo tem o nome "Faça um verso bem bonito"?

FDS: Tem a ver com uma cantiga de roda da minha infância. Para mim, poesia tinha a ver com "Batatinha quando nasce, se esparrama pelo chão...".

E: E então, com 50 anos...

FDS: Com quase 50 anos eu fiz uma pilha de letras para um seriado que tinha dentro do programa *TV Xuxa*, porque a namorada do herói era cantora.

E: E poesia propriamente dita?

FDS: No começo de 2007 eu escrevi um livro a partir de ideias e frases surpreendentes, irreverentes, politicamente corretíssimas e divertidas da escritora e educadora Elvira Souza Lima, falando dos direitos universais das crianças e dos adolescentes. Era uma versão bem livre, que explicava os direitos com muitos exemplos, complementando, dialogando com a vida cotidiana das crianças e jovens brasileiros, com bastante bom humor.

E: Você e a Elvira combinaram que esse livro ia ser em versos?

FDS: Não, foi saindo assim, com cara de repentista nordestino, e eu fui descobrindo que tinha um dentro de mim. E não é à toa: um dos meus bisavós, o pai do pai da minha mãe, era pernambucano.

Trecho de "Declaração livre das crianças e dos adolescentes"

TODA CRIANÇA E TODO ADOLESCENTE TEM DIREITO DE
Mostrar cada uma e toda emoção
Rir, gargalhar, soluçar, chorar
De ser feliz todo dia. Não o dia todo, todo dia
Que não é possível tanta alegria
E a tristeza faz parte da vida
Viver em conjunto, junto
Com todas as outras crianças

> E adultos que são só crianças crescidas
> E em clima de amizade, afeição
> Apego, apreço, afeto, dedicação
> Compartilhar o mundo e a vida
> Ser um grande ajutório, arrelia
> Junta, estalada, ajuda, mutirão.

E: E aí você começou a escrever poesia por conta própria?

FDS: Não, eu fiz um trabalho para uma editora chamada Zoom, que publica os fascículos que acompanham, no Brasil, os kits de Lego educacional. E nesse material, para crianças de 4 e 5 anos, tinha histórias, histórias em quadrinhos e poemas.

E: Para se inspirar você leu bastante poesia?

FDS: Foi assim que eu finalmente li os sonetos maravilhosos do Vinicius de Moraes, por exemplo, e conheci a obra do Manuel de Barros, que virou leitura de cabeceira, eu não canso de ler e reler e reler. Tem uma frase dele que diz assim: "Poeta é um ente que lambe as palavras e depois se alucina".

E: Isso vem acontecendo com você?

FDS: Vem. Eu tenho vontade de pôr um pedaço de outro livro de poesia que eu escrevi. Poesia não é a coisa mais vendável neste século XXI e talvez eu nunca consiga publicar esse livro – aí pelo menos não fica tudo inédito, mofando numa gaveta.

E: Qual é o nome desse livro?

FDS: *Espelho quebrado*. É um pouco sobre a minha adolescência e um pouco sobre meu filho mais novo, o Theodoro, mas não tem nada de biográfico dele! É muito mais pelas palavras que ele usa, por um clima que fica quando ele tem que acordar cedinho para ir pra escola, essas coisas. As coisas desse livro têm mais a ver com coisas da minha adolescência que eu só consegui resolver vários anos depois de me tornar adulto.

> **Trecho de *Espelho quebrado***
> O que tem, comigo, de errado?
> Eu olho e o espelho quebrado
> olha pra mim e diz quem sou
> eu qual desses vários pedaços
> para trás dou dois ou três passos
> me vejo de longe e não
> reconheço aquele cara estranho
> onde é o começo que eu vou
> começar tudo de novo sem
> pelas mãos os pés trocar e são
> sonhos vãos, querer outro tamanho
> mudar tudo, ser um outro alguém?

Muitos outros

Por causa dos programas de TV, o teatro foi passando, aos poucos, a ser uma atividade de categoria de luxo na minha vida.

Eu continuei escrevendo peças, mas quando este livro estiver acabando de ser escrito, estarei há quatro anos sem subir num palco, apesar de adorar representar.

Eu continuo dirigindo remontagens da ópera *João e Maria* (em 2008 foi a sexta versão, apresentada no Festival de Ópera de Manaus), mas a última estreia de um espetáculo dirigido por mim foi também quatro anos atrás.

Atualmente eu sou, em primeiro, em segundo e em terceiro lugar, um escritor. Durante todo o ano de 2008 eu quase que só es-

O maestro Jamil Maluf, os cantores Andrea Ferreira (Maria), Leonardo Neiva, Keila de Moraes, Denise Freitas (João), o coro infantil, atores e bailarinos na cena final da montagem de João e Maria do Festival de Ópera de Manaus, em 2008.

crevi e quase que só livros. Acho que é imprescindível que isso aconteça para um escritor escrever cada vez melhor.

Talvez seja necessário brincar de chinês de circo antigo, mas com todos os pratos do mesmo tipo...

Pra fim de conversa: últimas perguntas e respostas

Entrevistador: Há quem considere a literatura infantojuvenil um gênero menor em relação à literatura adulta. O que você acha disso?

Flavio de Souza: Acho que a infantojuvenil é, na verdade, mais importante por ser formadora de público para a literatura. Ela é cada vez mais valorizada, mas quem se dedica a esse tipo de literatura ainda é visto como escritor MENOR. Claro que, em alguns casos, uma pessoa escreve livros infantis realmente porque não conseguiu escrever livros de adulto, mas é fácil descobrir quem são essas pessoas; os livros infantis delas, na maioria das vezes, são péssimos. Essa é uma atividade considerada fácil, mas é tão difícil quanto – e na verdade existem limitações impostas pela ética e pelo bom senso que devem ser respeitadas com responsabilidade, pelo fato de o público ser formado, em sua maioria, por crianças.

Na boca da casa da bruxa da ópera.

E: Seus filhos já têm 30 e 18 anos. Para quem você escreve suas histórias infantis?

FDS: Faz tempo que eles deixaram de ser a "fonte de inspiração". Acho que eu escrevo pensando em

Flavio com sua neta Flora.

mim mesmo quando era pequeno – criança eu continuo sendo –, e o mundo deu várias outras voltas. Acho que as minhas histórias infantis vão ter um novo estímulo, que é a chegada ao mundo da minha primeira neta, a Flora, filha do Leonardo.

Flora.

E: Quando você escreve, o que procura deixar explícito em suas obras? Qual seu objetivo como escritor?

FDS: Mesmo quando escrevo sob encomenda explicitamente didática, tento colocar as mensagens bem embutidas e invisíveis, orgânicas com o texto e com o conteúdo de ficção. Pagar as contas, me divertir, criar histórias interessantes, engraçadas e emocionantes.

E: O que você acha dos produtos culturais que são feitos para o público infantojuvenil?

FDS: Muitas coisas são muito interessantes e tão boas quanto livros e filmes ou peças de teatro. Existem coisas horríveis, mas existem livros horríveis também. É tudo uma questão de escolha. Não sou contra nenhum tipo de mídia; quando eu era criança as professoras e pedagogas eram contra as histórias em quadrinhos, mas essas histórias foram muito importantes na minha vida e no meu trabalho de escritor. Só é prejudicial quando é preconceituosa, sem ética, irresponsável.

E: O que é a literatura?

FDS: É a arte mais abstrata, que constrói mundos apenas com letras combinadas com outras letras.

E: Como é seu contato com os ilustradores?

FDS: Muitas vezes eu não gosto das ilustrações. Vários dos meus livros eu vi pela primeira vez quando já estavam prontos. Eu sempre acho que elas contam demais das coisas que estão no texto em vez de completarem. Agora estou trabalhando com dois amigos que fazem as ilustrações comigo. Com as minhas opiniões, fica bem melhor. Eu já fui ilustrador também, mas parei por falta de tempo e de convites.

E: Como é ser o escritor Flavio de Souza?

FDS: Essa é só uma das partes do meu EU; eu sou ator e diretor também, mas o escritor em mim é o mais pesado, porque é o que eu mais faço. Geralmente é escrevendo que eu ganho mais dinheiro e, ao mesmo tempo, sou mais cobrado. As pessoas têm pouca expectativa com o ator; já com o escritor, têm bastante. Eu fui sendo meio empurrado para fazer isso profissionalmente e não tive tempo de pensar se era isso mesmo que eu queria fazer, mas descobri que sabia fazer bem e investi, li mais de cem livros para me aprimorar. É difícil eu recusar uma proposta de trabalho para escrever, mas às vezes me dá vontade de ficar uns três meses pelo menos sem escrever nada...

Flavio e Flora no lançamento dos livros *Homem não chora*, *Por que não um carrinho?* e *Um mais um igual a um,* em 2009.

História sem fim

Este livro não tem um fim, porque o biógrafo e biografado não para de escrever por vários motivos:

1– Ele precisa pagar contas, impostos, multas, juros e outras despesas da vida moderna.

2– Ele é ilustrador, ator e diretor profissional, mas escrever é o que é mais fácil para ele – e talvez seja o que ele faça melhor.

3– Ele continuaria a escrever, mesmo se não precisasse mais, mesmo se essa atividade não tivesse mais utilidade, mesmo que ninguém mais fosse ler o que ele escreve.

Enquanto ele termina este volume de memórias, autobiografia, relação de fatos relativos à sua carreira profissional e talvez alguns exageros e até algumas mentiras, Flavio de Souza está escrevendo também:

1– A história e o roteiro de um *show* musical com personagens clássicos de desenho animado.

2– A tradução e adaptação do clássico da literatura infantojuvenil, *Peter Pan*.

3– Uma peça de teatro de mistério, suspense e comédia chamada *Cenas de crime*.

Em seus planos futuros estão:

1– Uma coleção de livros para pessoas de todas as idades, mas principalmente entre 7 e 13 anos, adaptação de uma série de TV escrita, mas não produzida, chamada *Gran Circo Marimbondo*.

2– Uma comédia musical para teatro, que é a adaptação do conto *O alienista*, de Machado de Assis, transposto para uma época moderna.

3– A adaptação para quadrinhos de um roteiro de cinema inédito, de sua autoria, chamado...